VdN

Albrecht Börner
Roger Melis

Verlag der Nation Berlin

Seltenes Handwerk

ISBN 3-373-00306-7

Das Seltene hat zu allen Zeiten Menschen angezogen. Berge sind erklettert worden, reißende Flüsse überquert, Wüsten durchstreift, um der Natur Kostbarkeiten abzuringen: Bergkristalle, Smaragde, Diamanten, einzigartige Pflanzen oder Tiere. Auch wir, ein Fotograf und ein Textschreiber, sind ausgezogen, Raritäten aufzuspüren. Aber nicht auf Schätze der Natur waren wir aus, sondern auf ein »Gebild von Menschenhand«, auf seltenes Handwerk. Dabei ging es uns nicht um das Produkt aus vergangenen Zeiten oder aus exotischen Ländern, was gewiß seinen Reiz gehabt hätte, nein, wir wollten die lebendige handwerkliche Fähigkeit, die hier und heute am Werke ist, entdecken. Wir suchten also Persönlichkeiten, die mittels besonderer Begabung, mit ausgebildeten Fertigkeiten, speziellen Werkzeugen und Verfahren, aus unterschiedlichsten Werkstoffen originelle Produkte hervor- und an den Mann oder die Frau oder das Kind bringen. Wir suchten nach Menschen, die auf bemerkenswerte Art handwerkliches Schaffen und handwerkliche Kultur repräsentieren, und wir fanden sie zwischen Thüringer Wald und Ostseeküste, zwischen Elbe und Oder, zwischen Harz und Lausitzer Bergland, unterschiedlich nach Alter, Geschlecht, Mundart, Temperament, nach Lebensart und Lebensweg, Handwerker alle, aber jeder auf besondere Weise. Wir fanden viel mehr, als wir im Rahmen dieses Bandes darstellen können. In manchem Gewerk trafen wir alte Traditionen und in die Blütezeit der mittelalterlichen Zünfte mit ihren strengen Regeln für Handwerkerschaffen und Handwerkerleben zurückreichende Erinnerungsstücke. Die Zunftstatuten sind vom Mahlsand der Geschichte zerrieben worden. Aber ein Ideal hat sich erhalten: In allen besuchten Betrieben des seltenen Handwerks ist mir der Güteanspruch als oberstes Gebot der Arbeit entgegengetreten. Funktionsgerechtigkeit, Haltbarkeit und Formschönheit der Produkte wurden generell in optimaler Vereinigung angestrebt, wo sie immer möglich sind. Das gilt auch für zu Reparierendes und zu Regenerierendes. Dafür bot bewährtes Herkommen eine solide Basis, ohne daß auf eigenes Schöpfertum bei der Meisterung des Neuen verzichtet wurde. Solche Kreativität wird schon durch die individuellen Wünsche der Kundschaft herausgefordert, denen sich die Handwerksmeister gegenübersehen und denen sie sich stellen müssen – und stellen wollen. Besonders knifflige Lösungen bedeuten meist die höchste Befriedigung – für den Kunden wie für den Handwerker. Dieses sensible Eingehen auf spezielle individuelle Bedürfnisse eines großen Kundenkreises sichert dem Handwerk auch im Zeitalter industrieller Großproduktion einen weiten Wirkungskreis.

Ein kreatives und produktives Handwerk trägt zunehmend zum materiellen und kulturellen Wohlstand der Gesellschaft bei. Ich habe die Eindrücke von den Meistern und ihrer Arbeit bei meinen Besuchen in handwerklichen Werk- und Wohnstätten gewissenhaft festgehalten. Auf eine Wechselbeziehung des spezifisch Handwerklichen und des allgemein Menschlichen hat allerdings schon Johann Wolfgang von Goethe in seinem »Wilhelm Meister« hingewiesen, wo er sagt: »Allem Leben, allem Tun, aller Kunst muß das Handwerk vorausgehen, welches nur in der Beschränkung erworben wird. Eines recht zu wissen und auszuüben gibt höhere Bildung als Halbheiten im Hundertfältigen.«

Je mehr ich dem nachsinne und zustimme, desto bedenklicher werde ich hinsichtlich unseres Vorhabens. Ist es nicht eine Anmaßung, fast fünfzig verschiedene Handwerksberufe darstellen zu wollen? Fehlt dafür nicht jede fachliche Kompetenz? Worauf konnte ich denn fußen, als ich mich auf die Suche nach dem seltenen Handwerk im Lande begab? Gut, mein Vater hat als Tischler gelernt, doch er hat es auf seinem schweren Weg durch zwei Weltkriege, Inflation, Weltwirtschaftskrise im Notstandsgebiet des Thüringer Waldes trotz mehrfach bescheinigter guter Fähigkeiten nie zu gewerblicher Selbständigkeit gebracht. Gewiß, er hatte eine eigene Hobelbank und Hobel, Hämmer, Zangen, Stemmeisen, Feilen, Sägen. Damit hat er manchen zusätzlichen Groschen für seine Familie verdient, über die fünfundsechzig Pfennig Stundenlohn hinaus, die er viele Jahre bekam, bis er in saisongerechten Glas- und Metallbearbeitungen bessere Erlöse erzielte und schließlich im Tourismus seine Tage beschloß. Erst als er tot war, fand ich in einem alten Schrank tief unten vergraben Entwürfe, Zeichnungen von Sachen, die er hätte machen wollen, für die er Lust und Neigung und die Fähigkeit der Gestaltung gehabt hätte – wozu er aber sein ganzes Leben lang nicht kam. Und als es dann vielleicht hätte sein können, nach dem Zweiten Weltkrieg, da war er zu alt, um noch einmal von vorn zu beginnen. In ihm schlummerte eine handwerkliche Fähigkeit, die Zeitläufte ließen sie nur spärlich reifen und lenkten meine eigene Lebensbahn in andere Richtungen.

Mit Handarbeit begann es auch bei mir und auch zuerst am Holz. Als Holzfäller und Waldwegbauer erwarb ich meine ersten Produktionserfahrungen, ehe ich an der Fachschule für Glasinstrumententechnik und Feinmechanik in Ilmenau den Beruf eines Glasapparatebläsers erlernte. Aber statt Kolben und Kühler aus Glas herzustellen, lernte ich, auf dem Wege über Vorstudienabteilung, ein Germanistik-, Geschichts- und Philosophiestudium, Fragestellungen nach Weltall, Erde, Mensch in ihrem universellen Sein und Werden nachzusinnen, und ich erschrak, als ich nun vor einen Amboß, an eine Hobelbank, in eine Windmühle, in nahezu fünfzig verschiedenartige Werkstätten des Handwerks treten sollte, um mir ein Bild zu machen, was Handwerker heute hervorbringen, wie sie das bewerkstelligen und wie sie sich dabei befinden. Nun mußte ich mit weniger als Halbheit, manchmal mit beinahe nichts, jenen gegenübertreten, die das Ihre recht wußten und ausübten. Es war ein schwerer Weg.
Aber er hatte seinen Reiz. Ich entschloß mich, das Abenteuer zu wagen.

Damit sich der Leser nicht auf eine falsche Fährte gelockt fühlt, muß ihm vorab bezeichnet werden, von welchem Standort ihm Einblick gewährt wird in das Tun und Denken heutiger Handwerker, die seltenen Tätigkeiten nachgehen: Der Ausblick nach handwerklichen Besonderheiten wurde nicht von Experten handwerklicher Techniken angestellt, sondern von neugierigen Laien, die Eindrücke in Werkstätten festzuhalten versuchen, so, wie sie sich auf Anhieb ergeben. Text und Bild streben also keine fachliche Unterweisung an. Das Anliegen ist von anderer Natur. Unsere Absicht ist, aus diesen Impressionen ein Bild zu fügen, in welchem Stand sich handwerkliches Schaffen heute dem interessierten Betrachter darbietet, und dabei nachzuforschen, welche kulturgeschichtlichen Werte in handwerklicher Arbeit entdeckt werden können.

Wie soll man einen solchen Band beginnen, wie soll man die Eindrücke aneinanderfügen, und wie soll man enden? Soll man der Spur der Steine, des Goldes, des Eisens, des Holzes, Glases folgen und all der anderen Materialien, die heute in seltener Weise mit der Hand bearbeitet werden? Oder soll man dem Klopfen der Hämmer, dem Gang der Sägen, Feilen und der vielen anderen Geräte nachgehen, die dem Handwerk als Hilfsmittel dienen? Oder gar die Fülle zweckmäßiger und schöner Produkte – ja, nach welchem Abfolgeprinzip? – aufreihen? Material, Werkzeug, Produkt, was wären sie ohne den Menschen mit seinem Wissen, seiner Lebenserfahrung und seinen Fähigkeiten und Fertigkeiten.

Um diese Persönlichkeiten anzutreffen, die dem Handwerk von heute das Gepräge geben, müssen wir durch das Land reisen, sie in ihren Werkstätten, in ihren Häusern, unter ihren Mitarbeitern, in ihren Familien, in ihren Städten, Dörfern, Landschaften, in denen sie verwurzelt sind und denen sie dienen, aufsuchen und uns ein Bild machen, das wir in Bildern und Worten wiedergeben. Es ist ein Mosaik von Begegnungen, von Eindrücken, die Roger Melis und ich, jeder für sich, aus diesen Begegnungen empfingen und die wir so getreu wie möglich festgehalten haben. Eine solche Begegnung ist keine Forschung. Es darf also keine über die Jahre hin verfolgte Entwicklung eines Betriebes oder seines jetzigen Inhabers erwartet werden noch eine fachkundige Bewertung des Entwicklungsweges anhand der Produkte. Es wird immer nur der Eindruck mitgeteilt werden können, den der Schmied oder Mühlsteinhersteller oder Glockengießer oder Holzgestalter oder wen immer wir besuchen, auf den Fotografen und den Textschreiber machen. Gewiß haben wir für unseren Weg den Rat der Handwerkskammern eingeholt, denen an dieser Stelle für ihre Unterstützung der Arbeit gedankt werden soll. Gewiß haben wir auch nachgelesen, auf welche Traditionen die einzelnen Handwerkszweige zurückblicken können und was wir Heutigen ihnen zu danken haben. Doch alles Wissen fließt im Eindruck der Begegnung zusammen, wird von ihm belebt und nur wirksam, soweit es von ihm belebt werden kann.

Was wir bieten, ist eine Folge von Momentaufnahmen. Die Gegenwartslage des einen oder anderen Berufes, der einen oder anderen Werkstatt, der einen oder anderen Persönlichkeit mag zufällig so sein, wie sie ist, wird sich ändern, alles unterliegt dem Wandel. Aber die Sache selbst, das seltene Handwerk, beweist Lebenskraft und Dauer, und man könnte, anknüpfend an ein klassisches Wort, durchaus sagen: Im Augenblick ist Ewigkeit! – Dabei sind wir der schönen Übertreibung, zu der Poesie manchmal neigt, durchaus eingedenk. Andererseits vermag die doppelte Fixierung des Augenblicklichen in Bild und Wort es in gewissem Sinne tatsächlich »verewigen«. Solche dauerhafte Repräsentation ist der Sache angemessen, denn wie sich die Menschenwelt immer wandelte, das Handwerk hat Dauer bewiesen, auch das seltene. Und es kann mit Zuversicht in die Zukunft schauen. Das wollen unsere Aphorismen zum seltenen Handwerk anklingen lassen. Eine systematische oder akademische Behandlung eines Themas ist bei einem solchen Verfahren nicht zu erwarten. Die Bemühung, den Eindruck aus der Begegnung so fruchtbar und reich wie nur irgend möglich zu gestalten, haben wir jedoch während unserer Arbeit nie erlahmen lassen. Alle derartigen Bilder sind subjektiv. Aber das muß nicht immer ein Nachteil sein. Mitunter liegt darin ein besonderer Reiz.

Da wir also weder ein Thema nach sachlichen Kategorien abzuhandeln haben noch eine Geschichte erzählen können, die Anfang, Mitte und Ende hat, bleibt wohl ein vorgestellter Reiseablauf das zweckmäßigste Gestaltungsprinzip für die Folge unserer Impressionen. Dies gestattet zugleich, anzumerken, wie verschiedenartig sich das Handwerk in den einzelnen Landschaften ausgeprägt hat. Wir beginnen unsere Fahrt im Thüringer Wald. Das ist reine Willkür, wir hätten natürlich ebenso an der Ostsee, im Harz oder im Lausitzer Gebirge beginnen können. Gleichgültig, »denn wo ihr's packt, da ist es interessant«, darf man mit Johann Wolfgang von Goethe getrost sagen. In seinem geliebten Thüringer Wald haben wir es angepackt, und siehe da – es wurde interessant, von Anfang an.

Auf unseren Reisen besuchten wir mehr Betriebe, als wir hier darstellen. Noch manches originelle Kolorit wäre für unser Mosaik zu gewinnen gewesen. Aber jedes Bild hat seinen Rahmen, und der setzt Grenzen. Wir haben uns ganz auf das privat arbeitende seltene Handwerk konzentriert. Das Ausgewählte muß nun für alles stehen, muß das seltene Handwerk, das Schöpfertum und den Wertequell, die im Handwerk schlechthin verkörpert sind, die humanen Grundqualitäten, die sich darin äußern, repräsentieren. Wir hoffen, daß es das kann.

Weiterhin wünschen wir, daß alle, die sich uns zumindest ideell anschließen, beipflichten können und uns bestätigen: Die Sache verdient jede Mühe. Wären wir Bergleute und würden nach edlen Erzen schürfen, so dürften wir den Bergschrei ausbringen: Wir sind fündig geworden.

Sommer 1989 — Albrecht Börner

Hoch über Eisenach, auf den Höhen des Thüringer Waldes, liegt die Wartburg. Sie wurde von einem thüringischen Landgrafen gegründet, dem der Sage nach ein Schmied eingehämmert hat, er solle hart wie das Eisen werden, das er auf seinem Amboß bearbeite.

Das Schmiedehandwerk hat nicht nur in Ruhla, wo der sagenhafte Schmied angesiedelt gewesen sein soll, seine weit zurückreichenden Traditionen, nicht nur im Suhler Raum, dessen Waffenherstellung Weltruf erlangte, nein, auch im Schmalkaldener Gebiet, das mit seinem Kleinzeug auf große Traditionen verweisen kann. Wenn man heute von Schmalkaldener Artikeln spricht, wird kaum jemand an die Bekenntnisschrift Martin Luthers denken, die er zur Zeit des Schmalkaldischen Fürstenbundes, vor dem Schmalkaldischen Krieg der protestantischen Fürsten mit Kaiser Karl V., in dieser Stadt verfaßte, sondern an die Hämmer, Zangen, Schnitzwerkzeuge, Nägel und was sonst zu dem Eisenzeug gehört, das in aller Welt als Handwerkszeug gefragt war und ist. Auch jetzt wird noch Werkzeug in Schmalkalden hergestellt, im Werkzeugkombinat, einem industriellen Großbetrieb. Die handwerklichen Werkzeughersteller mit ihren vielfältigen Spezialitäten und Kniffen sind im weiteren Umfeld der Stadt anzutreffen, wo sie schon immer ansässig waren. Auf diese Tüftler, die in ihren Keller- und Bodenwerkstätten sitzen mit Blick auf ihren Hühner- oder Kaninchenstall am Bergeshang, kann schlechterdings nicht verzichtet werden.

Ein Hammerschmied – oder sollte ich besser sagen Hammerhersteller? – arbeitet noch in Asbach bei Schmalkalden. Heute gehört das Schmieden ebenfalls dazu, wenn Walter Eff einen Schuhmacherhammer, Ziselierhammer oder Zie-

gelhämmer für das Dachdeckerhandwerk anfertigt. Als sein Großvater Johannes Eff um die Jahrhundertwende den Betrieb begründete, waren tatsächlich die Schmiedewerkzeuge, Amboß, Blasebalg, Hämmer und Zangen sowie das Geschick und die Erfahrung des Meisters die einzigen Fertigungsmittel. Aber bereits der Großvater begann am Berge eine Werkstatt einzurichten, in der eine dieselgetriebene Mechanik einzelne Arbeitsgänge produktiver und leichter gestaltete. Der Vater ging diesen Weg weiter. Wenn ich sage, in Asbach besteht noch eine Hammerschmiedewerkstatt, ist das nicht ganz korrekt. Sie besteht wieder.

Walter Effs Traditionslinie im Hammerschmiedegewerbe verläuft nicht geradlinig. Bevor er im väterlichen Betrieb begann, lernte er Maschinenschlosser in Schmalkalden und arbeitete in der Werkzeugunion Steinbach-Hallenberg in der Schmiede als Gesenkbauer. So trat er mit einer soliden und modernen Vorbereitung in den väterlichen Betrieb ein, übernahm dessen Spezialfertigungen und später die Leitung. Der Bedarf an Spezialhämmern war klein, aber unverzichtbar. Walter Eff setzte die unverändert hinter dem väterlichen Haus am Berge liegende Hammerschmiede in herkömmlicher Weise wieder in Gang. So erhielt die »Lago« in Steinbach-Hallenberg einen Mitstreiter für ihre Ziele.

Unter »Lago« konnte ich mir zunächst überhaupt nichts vorstellen, bis mir ihr Vorsitzender, Erhard Horn, erläuterte, daß die Landeslieferungsgenossenschaft im Jahre 1932 als eine Art Notgemeinschaft der handwerklichen Kleineisenproduzenten im Steinbachtal gegründet wurde. Die solidarische Aktion half den Handwerksmeistern, in dem damaligen wirtschaftlichen Notstandsgebiet, sogar von einer »Toteninsel« wurde amtlich gesprochen, als hochqualifizierte Produzenten zu überleben. Diese Tatsache wirkte sich nach 1945 positiv aus, als es nicht nur darum ging, die Existenz eines Handwerkszweiges zu sichern, sondern die eines ganzen Volkes, das vom Nationalsozialismus Hitlers materiell und geistig in den Ruin getrieben worden war. Die »Lago« ist heute die Einkaufs- und Liefergenossenschaft für die Hersteller der Schmalkaldener Artikel. Sie übernimmt Material- und Werkzeugbeschaffung, organisiert den Absatz der Waren, fördert die Produktion mit Krediten und Investitionsberatungen. Bei Walter Eff fiel solche Anregung auf fruchtbaren Boden. Er nahm die Herstellung von Dachdeckerhämmern auf, die für harte Devisen eingeführt werden mußten, und von Ziselierhämmern, die vorher nicht auf dem Markt waren.

In Asbach begrünte sich also ein Zweig der traditionellen Hammerherstellung wieder. Vor allem erhalten Schuhmacher, Dachdecker, Uhrmacher, Ziseleure, Goldschmiede und viele andere die dringend benötigten Werkzeuge. Der Dieselmotor ist allerdings heute von einem Elektro-

motor abgelöst. Das alte Riemenwerk tut's noch immer. Die geerbten eisenformenden Maschinen auch.

In Asbach ist die Hämmerherstellung traditionell zu Hause. Früher wurde dort Brauneisenstein abgebaut, um 1700 entstand ein Schmiedehammer. Trotz günstiger Standortbedingungen blieb die Herstellung der Schmalkaldener Artikel ein unsicheres Geschäft, und die Familie Eff versuchte – wie die meisten Handwerker –, ihre Existenzgrundlage mit einer kleinen Landwirtschaft zu verstärken. In dieser Hinsicht steht Walter Eff ebenfalls in der Tradition. Er gewinnt, wie einst sein Großvater, Heu auf den Bergwiesen und hält ein Schwein im Koben hinter dem Haus, obwohl er sich heute keine Sorge mehr um den Absatz seiner Produkte zu machen braucht. Die »Lago«, die das für ihn erledigt, würde ihm lieber mehr als weniger abnehmen, zumal die begehrten Schmalkaldener Artikel nicht nur Devisen sparen, sondern sogar welche bringen. Die Bewahrung dieses seltenen Handwerks ist also keinesfalls Nostalgie. Der Hammerschmied befriedigt aktuelle Wirtschaftsinteressen. Uns bleibt dabei bemerkenswert, welch weite Spezialisierung das Urwerkzeug Hammer erfahren hat. Und alle werden noch gebraucht, trotz moderner Hydraulik und industrieller Verformungsarten. Der Hammer ist elementares Handwerkszeug, gleich, ob er in einem Großkombinat oder im Haushalt angewandt wird. Walter Eff nahm den Traditionsfaden auf, und das fiel ihm nicht schwer. Er war in der handwerklich-bäuerlichen Lebensform eines Thüringer Wäldlers fest verwurzelt geblieben, so daß es lediglich galt, sie wieder in ihrer Legitimität zu bestätigen.

Dabei mußte Walter Eff seine Verbindung mit der modernen industriellen Produktion nicht aufgeben. Die Schuhmacherhämmer stellt er als Kooperationspartner des Werkzeugkombinats Schmalkalden her, dem er einst angehörte. Das Material kommt von dort.

Wie sich die Traditionslinie allerdings in die Zukunft fortsetzt, ist nicht so einfach zu beantworten. Walter Effs Sohn studiert an der Technischen Hochschule in Karl-Marx-Stadt. Ob er mit dem Ingenieurdiplom in der Tasche dann auch noch die Stähle mit einer alten Motorwinde in die Werkstatt am Berg hinaufleiern wird, den Treibriemen auf eine museale Mechanik wirft, den Schmiedehammer schwingt, um in vorväterlicher Weise Spezialhämmer zu formen – erstklassige Werkzeuge, seltene Werkzeuge, wie sie woanders nicht besser zu haben sind? An die Zukunft denken heißt, nicht nur hoffen, sondern sich auch Sorgen machen um den Bestand eines wichtigen und wenig vorhandenen Handwerks. Eine Sorge, der sich die »Lago« und andere, die aus aktuellen wirtschaftlichen Interessen oder aus kulturellem Traditionsbewußtsein Verantwortung spüren, annehmen.

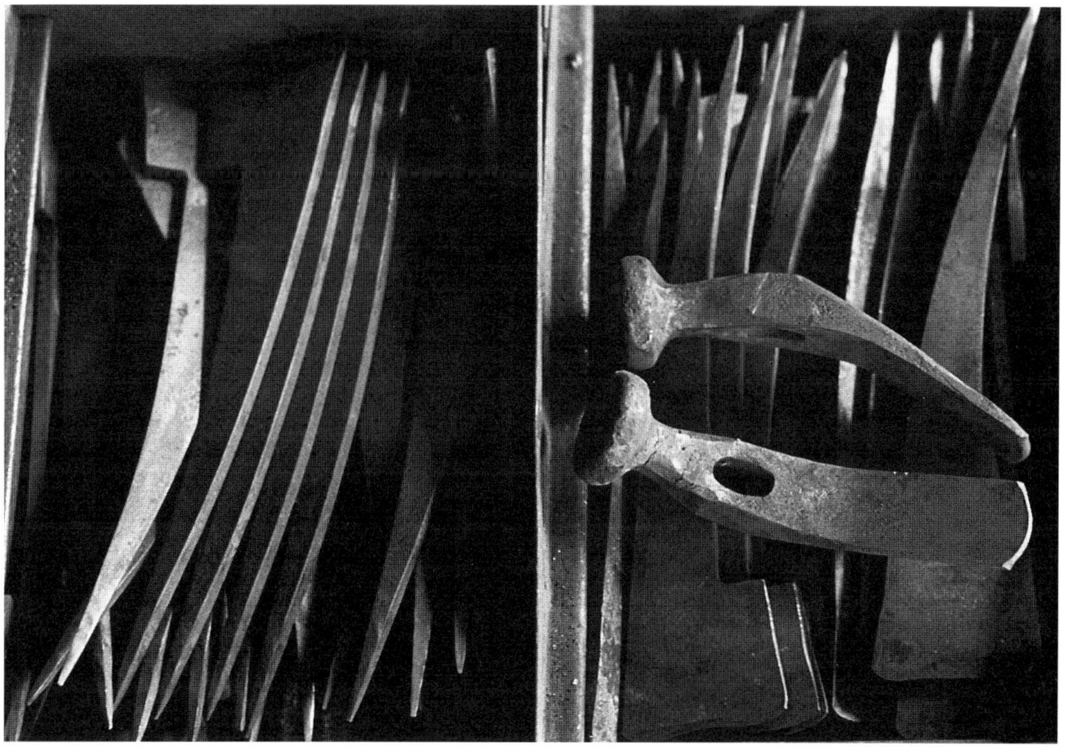

Hammer und Zange sind zwar über den Nagel verschwägert. Aber Hämmer und Zangen haben längst weitaus andere Anwendungsbereiche, als Nägel in die Wand zu schlagen und wieder herauszuziehen. Wände moderner Wohnblöcke widersetzen sich ohnehin solchem Vorhaben. Mir scheint, als sei der Wirkungsbereich der Zange weitaus umfangreicher als der des Hammers. Das geht sicher schon auf die Grundfunktion der Hand zurück. Man greift wohl um ein Vielfaches öfter zu, ehe man einmal zuschlägt.

Franz Nothnagel, der Steinbach-Hallenberger Zangenhersteller, schätzt, daß es mehr als tausend Zangensorten gibt, die sich nach Zwecken unterscheiden – und von diesen gibt es jeweils noch verschiedene Größen. Allein die Belegstücke, die im Familienbetrieb der Nothnagels gefertigt worden sind, könnten ein kleines Zangenmuseum ausstatten. Die Werkstatt besteht seit 1932 und ist in den fast sechs Jahrzehnten mit vielerlei Aufgaben konfrontiert gewesen. Der Zahnarzt braucht eben andere Zangen als der Uhrmacher, der Kosmetiker andere als der Zimmermann oder der Schmied. Jede Anforderung verlangt vom Zangenschlosser eine differenzierte Herstellungsweise. Eines aber ist für alle Produkte gleichermaßen gefordert: optimale Funktionstüchtigkeit, Haltbarkeit, Handlichkeit. Und für Franz Nothnagel ist es Ehrensache, daß alle Erzeugnisse seines Betriebes das Gütezeichen Q tragen. Deshalb sind sie nicht nur im Lande, sondern in aller Welt hochbegehrt. Das hat Ursachen: Seine Zangen haben kein auf- oder eingelegtes Gewerbe, die von einer Schraube oder einem Niet zusammengehalten werden, sondern sie sind »durchgesteckt«. Dieses Auftreiben des Außenteils der Zange, das Durchstecken des Innenteils und das feste

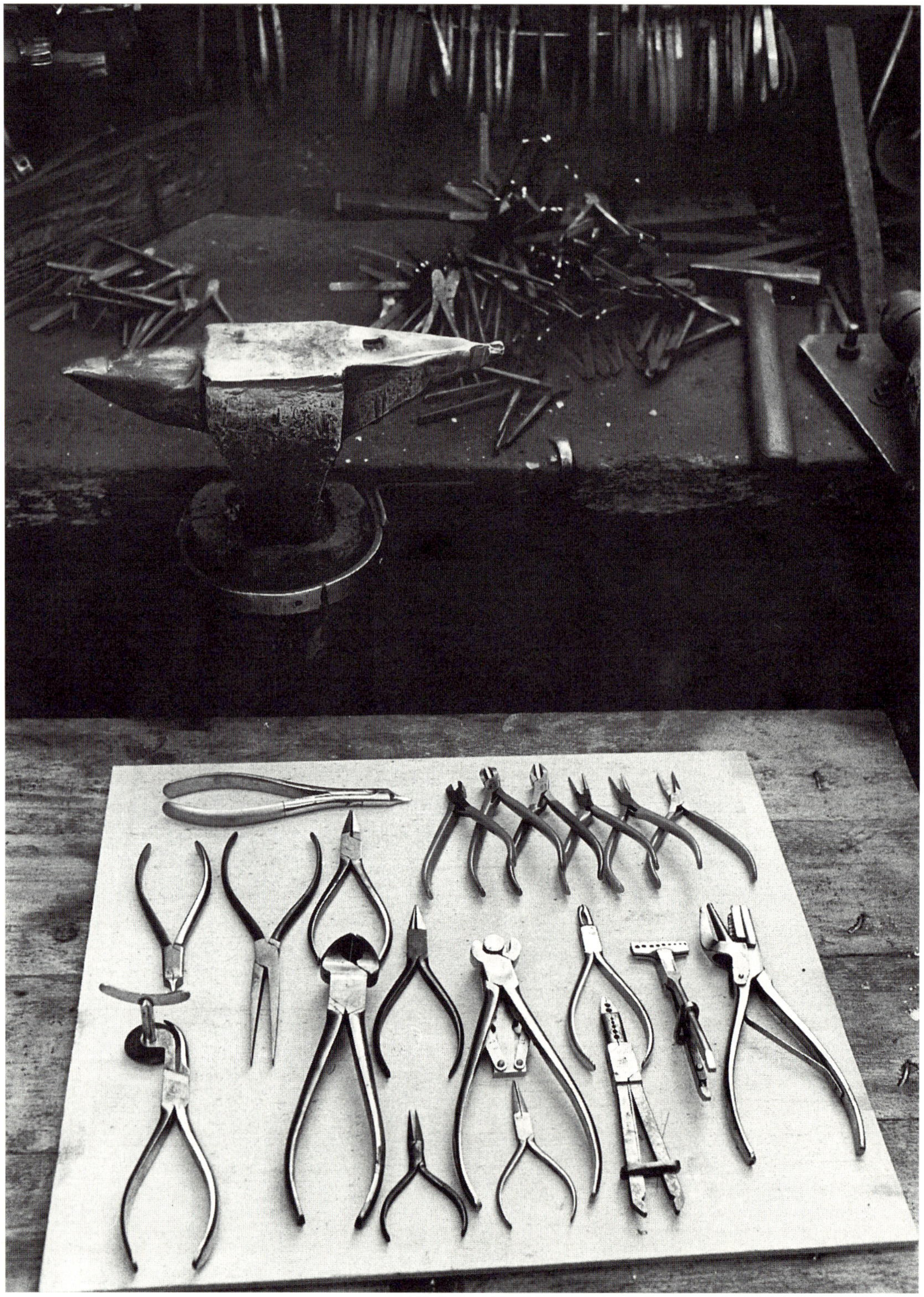

Aneinanderschmieden ist nur als handwerklicher Akt zu leisten. Im entscheidenden Punkt ist und bleibt die Nothnagelsche Zangenwerkstatt also ein Handwerksbetrieb, wie wirkungsvoll beim Schmieden der Zangenrohlinge auch Formen und mechanische Hilfsmittel zur Erhöhung der Präzision und der Effektivität der Arbeit eingesetzt werden. Ein elektrischer Härteofen bewirkt, daß die Zangen bei genauen und gleichbleibenden Temperaturen gehärtet und vergütet werden können und dadurch eine längere Lebensdauer erhalten. Obwohl Franz Nothnagel vom Vater und von beiden Großvätern, die sehr gute Zangenschlosser waren, viele Fähigkeiten und Fertigkeiten sowie Formen und Funktionsmuster übernehmen konnte, hat er durch eine Reihe eigener Einfälle die Fertigungsweise verbessert. Auch eine neue Form der Zangenschenkel, die Eiform, und Kunststoffüberzüge an den Zangenschenkeln führte er ein. Aber bei aller mechanischen Optimierung des Fertigungsprozesses hochqualifizierter Zangen – Flach-, Ovalspitz- und Rundzangen sowie Seitenschneider, Vornschneider und Schrägschneider, es ist ein ganzes Spezialsortiment für Uhrmacher, und diese Spezialzangen mit der Bezeichnung »Regleuse« werden in den letzten Jahren mehr und mehr von der Elektronikindustrie für feinste Arbeiten verwendet – erlischt doch das Schmiedefeuer nie in der Nothnagelschen Werkstatt. Der Meister meint, es sei die Faszination des Schmiedevorganges und des Schmiedefeuers, die seine beiden Söhne, Günter und Wolfgang, von klein auf in die Werkstatt zog und von vornherein mit dem väterlichen Handwerk und dem Betrieb verband, auch wenn sie ihre Grundausbildung in der Lehrwerkstatt der Werkzeugunion Steinbach-Hallenberg beziehungsweise im Werkzeugkombinat Schmalkalden erhielten. Und heute setzt sich das bei dem Enkel fort. So braucht sich Franz Nothnagel keine Sorge um die Zukunft zu machen. Ohne Bedenken kann er seinen Maschinenpark um eine Fräseinheit erweitern, damit er die Rohlinge seiner Zangen selbst fräsen kann, was bisher in einem anderen Handwerksbetrieb der »Lago« durchgeführt wurde. Sein Enkel wird bei ihm alle Kenntnisse und Fertigkeiten erwerben können, um eine Zange aus einem Roheisenstück in optimaler Form, Funktion und Haltbarkeit entstehen zu lassen.

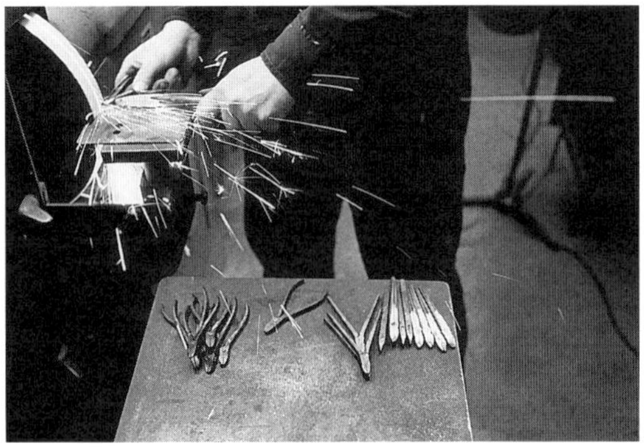

Wenn auch zwischen Zange und Hammer eine enge Beziehung besteht und beide in vielen handwerklichen Verrichtungen kooperativ verwendet werden, nennt sich doch der Zangenhersteller Schlosser und der Hammerhersteller Schmied. Das hat seine Berechtigung. Der Hammer ist mit Schmiedeakten von Anfang bis Ende anzufertigen. Die Zange hingegen durchläuft Fräs-, Formungs- und Schmiedevorgänge und andere Bearbeitungsarten. Sie ist nicht aus einem Stück, sondern aus zweien, und wird montiert.

Die Zangenproduktion hat in Steinbach-Hallenberg und Umgebung eine weit zurückreichende Tradition. Bereits 1623 ist eine Faktorei zum Verkauf von Eisen und Stahl nachgewiesen. Sie belieferte vor allem Nagelschmiede und Schlosser, die in einer handwerklich orientierten Hausfertigung das sogenannte Schmalkaldener Kleinzeug herstellten, das überwiegend Werkzeug für die bäuerliche und handwerkliche Produktion war. Hämmer und Zangen spielten dabei eine besondere Rolle. Erschwingliche mechanische und maschinelle Erleichterungen entwickelten sich in diesem Prozeß, dessen Ausrichtung auf den Kleinbetrieb mit Spezialitätenherstellung auch für die Zukunft vielversprechend ist.

Als ich in Suhl die Straße nach Albrechts abbiege – es ist der einzige Verkehrsweg, auf dem man in diesen Ort gelangt –, eilen meine Gedanken voran zur Familie Koch, Renate und Peter, die mit großer Leidenschaft, handwerklichem Können und mit viel Kunstsinn Gemälde für uns und unsere Nachkommen bewahren. Selbst aus Spuren und Andeutungen erwecken sie Malereien wieder zu neuer Kraft und Lebendigkeit. Renate und Peter Koch sind Restauratoren insbesondere von Wandmalereien. Malerische Kunst hervorzubringen erfordert eine sensible Fähigkeit, die einer produktiven Einbildungskraft freie Entfaltung gestattet. Malereien wiederherzustellen erfordert die gleiche sensible Fähigkeit, die reproduktive Einbildungskraft allerdings ist der strengsten Bindung an das Vorbild unterworfen. Gleich bleibt in beiden Fällen das handwerkliche Können. Der Restaurator eines Kunstwerkes muß sich im Handwerklichen auf die Höhe seines Schöpfers emporschwingen und darüber hinaus eine Reihe von Fähigkeiten ausbilden, auf die jener verzichten konnte. Mit der Akribie eines Kriminalisten ist zunächst zu ermitteln, welche Farben der Maler wie auf welchen Untergrund aufgetragen hat. Dafür stehen heute moderne naturwissenschaftliche Verfahren zur Verfügung. Dabei dürfen auch eventuelle frühere Restaurierungen nicht unbeachtet bleiben. Bei beschädigten oder zerstörten Teilen von Malereien sind nach Möglichkeit Zeugnisse des Originalzustandes zu finden und die Archivunterlagen über das vergangene Baugeschehen genau zu studieren. Das Wichtigste ist natürlich die Überprüfung vor Ort. Erst wenn der Restaurator alles greifbare Wissen über das Kunstwerk zusammengetragen hat, kann er mit der Arbeit beginnen, wird es ihm möglich sein, Farben in der Art der Vorlage zu schaffen und aufzutragen.

Es gibt viele Verfahren, die verblaßten Originalfarben wieder zum ursprünglichen Glanz zu bringen. Die Kenntnis über sie kann nur bei alten Meistern erworben und in eigener Erfahrung erprobt werden. Renate Koch bringt da von Haus aus eine Menge mit, ihr Vater, Walter Möller, ihre Brüder, Rolf und Manfred, sind allesamt Maler-Restauratoren. Sie ist also der Sproß eines stattlichen Restauratorenstammes aus Dillstädt.

Peter Koch hat sich 1967 dem Malerischen und wenig später dem Restaurativen zugewandt, was von jeher auf der Linie seiner Neigungen lag. Bei Kurt Tümmler, Gera, Kurt Unsinn, Erfurt, Erhard Neumann, Halle, erwarb er Wissen und Erfahrungen, die ihm gestatteten, 1974 gemeinsam mit seiner Frau eigenständig als Restaurator und Konservator zu arbeiten. Da ist an erster Stelle ihr Mitwirken an der Wartburgrestauration zu nennen, die ihnen sowohl wegen der Bedeutung des Objekts als auch wegen der Qualität der geleisteten Arbeit internationale Anerkennung einbrachte. Die Arbeit am Schloß Friedenstein in Gotha, die sie schon Jahre beschäftigt und weitere beschäftigen wird, mag in persönlicher Beleuchtung noch einen freundlicheren Schein haben, lernten sie sich doch dort kennen. Daneben stellen die Arbeiten in Arnstadt, Bad Liebenstein, Christes immer wieder neue Herausforderungen dar. Der bei den Wartburgrestaurationen notwendige Blick vom Heutigen durch die Romantiker auf die Romanik war für die Kochs ein anregendes Erlebnis, das ihr Stilempfinden bereicherte, das aber auch die Begeisterung für weitere anspruchsvolle künstlerische Aufgaben geweckt hat.

Auf welche Höhen der Kunst ihr Weg

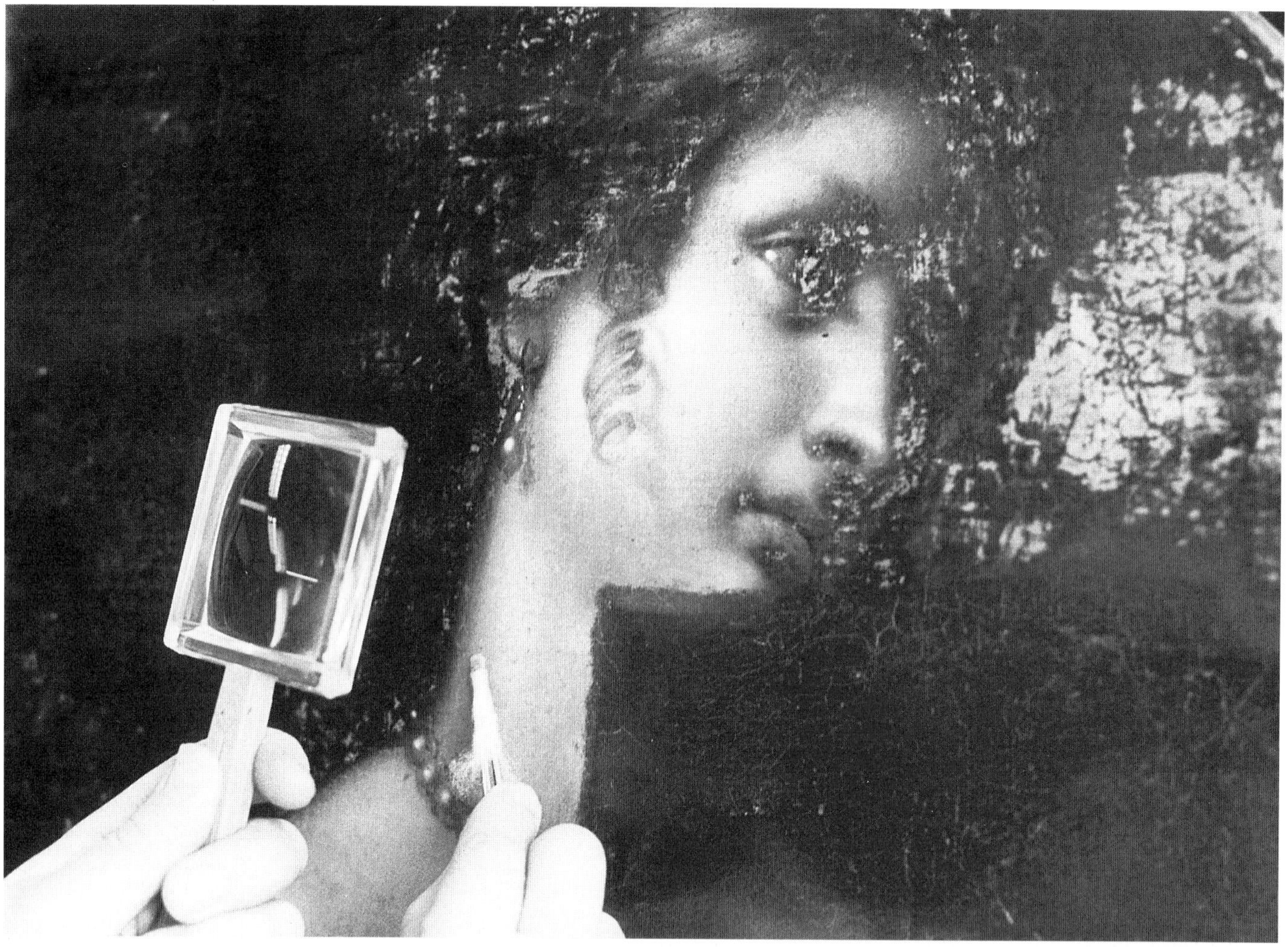

sie führen mag – das Bekenntnis zum Handwerk bleibt bei den Kochs ungebrochen. Es kommt aus einem tiefen Zugehörigkeitsgefühl und ist verknüpft mit echtem Engagement. Nicht nur, daß sie ihr Haus in Albrechts eigenhändig erbaut haben, als Studiengang gewissermaßen, um sich ein Gefühl für alle Bautätigkeiten anzueignen und um ornamentale Elemente am Bau besser verstehen zu können, nein, Peter Koch gehört der Meisterprüfungskommission des Handwerks an und ist Dozent an der Bezirksakademie für Bauwesen, wo ihm die Meisterausbildung für Maler in Stilgeschichte und Gestaltungslehre obliegt. Eine solche Verbindung von Kunst und Handwerk ist selten, aber fruchtbar. Ein Handwerk, das Kunst erhält und Kunst erfordert, ein zuerkanntes Kunsthandwerk!

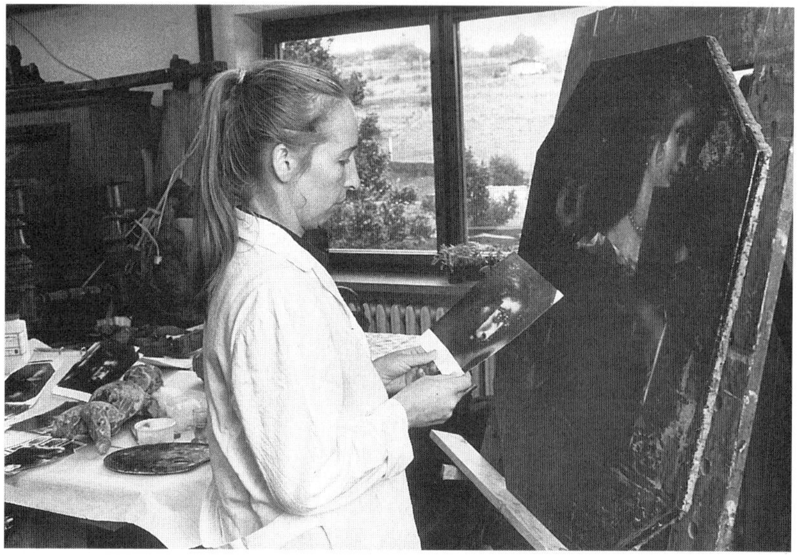

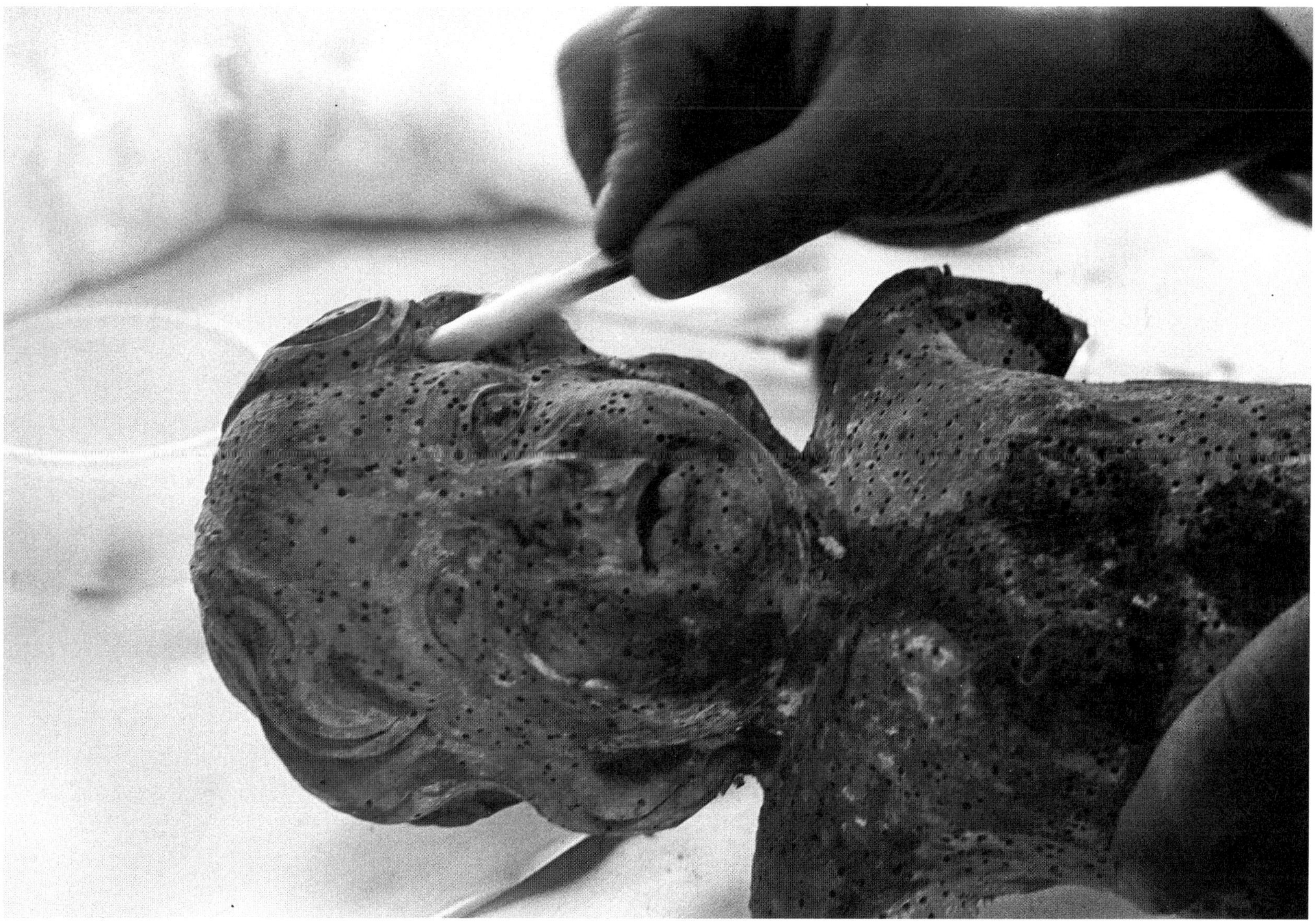

Das Denkmal auf dem Suhler Marktplatz ist dem Waffenhandwerk gewidmet. Ein Waffenschmied formt ein Schwert auf seinem Amboß. Das Schwert war das deutsche Sinnbild der Wehrhaftigkeit, auch als Krupp schon Kanonen in alle Welt lieferte und die Suhler Waffenhersteller wegen ihrer Handfeuerwaffen in Europa berühmt waren, weitaus berühmter, als es die Suhler Schwert- und Harnischschmiede je gewesen sind. Im 16. Jahrhundert konnten die Suhler Büchsenmacher den ständig steigenden Bedarf an Feuerwaffen in ganz Europa in hohem Grade befriedigen, bis während des Dreißigjährigen Krieges im Jahre 1632 die Kroaten des kaiserlichen Heeres die Stadt eroberten und verwüsteten. Danach hat Suhl nie wieder eine so dominierende Stellung in der Waffenherstellung erreicht.

Die handwerklichen Fertigkeiten der Suhler Büchsenmacher wie auch ihre künstlerische Sensibilität bildeten sich allerdings weiter aus und konnten noch einige Gipfelpunkte in ihrer Entwicklung ersteigen. So erreichte die Jagd- und Prunkwaffenherstellung im 18. Jahrhundert unter sächsisch-polnischer Oberhoheit eine exquisite Kultur. Der Dresdener Architekt Gottfried Semper konnte bei einer Besichtigung des Schlosses Windsor während seiner englischen Emigration nach 1848 feststellen: »Die ebendaselbst befindlichen Suhler Werke des Meisters Weiss sind das schönste Rokoko, das es gibt, hier den geschweiften Formen des modernen Schießgewehrs gleichsam entwachsen.«

In Dresden hatte Semper wohl anderes zu tun, als die königliche Waffenkammer zu besichtigen, obwohl er dort das Beste aus der Suhler Waffenhandwerkskunst hätte entdecken können, etwa die vierteiligen Garnituren aus der Werkstatt Stockmars – Vogelflinte, Pirschbüchse und ein Paar Reiterpistolen – oder das mit verschiedenfarbigem Gold und mit Brillanten

verzierte Gewehr Johann Stephan Seebers, das Graf Heinrich von Brühl 1762 August III. schenkte, ein Jahr vor beider Tod. Mit ihnen ging viel von Sachsens Glanz und auch von dem des Suhler Prunkwaffenhandwerks zugrunde. Doch eine Fahrt in den Suhler Windeweg, nahe dem Friedberg gelegen, der weltbekannten Anlage der Suhler Sportschützen, vermittelt einen eindrucksvollen Blick in das nach wie vor blühende Suhler Prunkwaffenhandwerk. Dort hat der Büchsenmachermeister Helmut Adamy seine Werkstatt. Er weiß natürlich genau, daß ein präzises Schuß- und Zielsystem das Wichtigste an einem Gewehr ist. Es ermöglicht dem weidgerechten Jäger, sein Wild mit sicherem Schuß zur Strecke zu bringen.

Suhls handwerkliche Büchsenmacher, vereinigt in der Einkaufs- und Liefergenossenschaft des Büchsenmacherhandwerks »Bühag«, stellen nur Jagdwaffen her, die aber in großer Vielfalt und individuellen Wünschen technischer und dekorativer Art entgegenkommend. Sie wissen, im Weidwerk schwingt bis heute ein uraltes, phantasievolles Brauchtum mit, dem dekorativer Zierat auf Schäften und Läufen der Gewehre Ausdruck verleiht. Haben die Graveure Stil und Geschmack, können sie des Waffenbesitzers Kunstsinn wie Naturliebe würdig ausweisen. Die Suhler Waffenhandwerker knüpfen in dieser Hinsicht an reiche traditionelle Fertigkeiten an.

Ein Gewehr ist noch nie das Werk eines einzelnen gewesen, und auch heute ist die Gewehrherstellung eine sinnvolle Folge mechanischer und handwerklicher Arbeitsgänge. Zunächst durchlaufen alle Gewehrteile einen mechanischen Prozeß. Sie werden geschmiedet, gedreht, gefräst, geschliffen, gebohrt, geräumt, Gewinde werden geschnitten. Laufschlosser, Schloßmacher, Systemmacher und Schäfter verarbeiten die Teile weiter. Der Laufschlosser fügt die vorgearbeiteten Einzelläufe zu Doppelläufen, Drillingen oder Vierlingen zusammen. Der Schloßmacher fertigt dazu die Schlösser an, der

Systemmacher verbindet Lauf und Verschlußstück miteinander, paßt das Schloß und die Verschlußteile in das Verschlußstück und baut die Sicherungs- und Signaleinrichtung ein, wobei er viel Verständnis für die Wirkungen des Pulvers, der Patrone und der mechanischen Kräfte des Systems haben muß, die erstere beherrschen sollen. Der Schäfter verbindet den Schaft mit dem Verschlußstück und den Holzvorderschaft mit dem Metallvorderschaft und verleiht dem Ganzen durch spezielle Oberflächenbearbeitung ein wirkungsvolles Äußeres.

Diese Hauptberufsgruppen sind teilweise noch weiter untergliedert. Insgesamt sind zur Herstellung eines Gewehrs etwa sechzehn Teilberufe nötig. In der Einkaufs- und Liefergenossenschaft des Büchsenmacherhandwerks sind die meisten dieser Berufe als selbständige Handwerksbetriebe vertreten. Das ist das Fundament, auf dem der Büchsenmacher fußt. Auf der Basis gründlicher Kenntnisse aller Sparten der Waffenherstellung und der vielen verschiedenen Waffensysteme tritt er dem Kunden entgegen. Er ist der Berater des Schützen, sorgt für die Berücksichtigung spezieller Wünsche, führt Reparaturen aus, schießt die Gewehre ein, korrigiert die Zieleinrichtungen, montiert Zielfernrohre und übernimmt die Endmontage und Fertigstellung der Jagdwaffen.

Helmut Adamy ist Büchsenmacher und hat diesen Beruf im väterlichen Betrieb erlernt, der 1921 vom Großvater Albert und dessen Bruder Franz gegründet wurde. Die Adamys sind allerdings schon seit dem 16. Jahrhundert in Suhl ansässig, und es gab auch vorher bereits Büchsenmacher in der Familie. 1969 hat Helmut Adamy die Lehre abgeschlossen, 1972 erwarb er in Schmalkalden ein Ingenieurdiplom. 1977 übernahm er von seinem Vater den Betrieb, der internationales Ansehen genoß.

1982 wurde Helmut Adamy Vorsitzender der »Bühag«. Die Suhler Genossenschaft des Waffenhandwerks entstand 1949, als nach dem Zweiten Weltkrieg wieder Waffen hergestellt werden durften. Zunächst waren es nur Schrotflinten, seit 1954 dann auch Kugelwaffen, so daß seitdem die mannigfaltigsten Kombinationen möglich wurden, die das Suhler Waffenhandwerk weltweit berühmt gemacht haben. Diesen Ruf zu festigen und zu bewahren, sieht Helmut Adamy als eine vorrangige Aufgabe der »Bühag« an. Das setzt voraus, die besten Fähigkeiten und Fertigkeiten, über die Suhler Meister gebieten, auf den Nachwuchs zu übertragen. Wenn mehr Waffen nach individuellen Wünschen gebaut und verkauft werden sollen, müssen mehr qualifizierte Handwerker an die Arbeit gehen. Eine Sonderanfertigung nach Bestellung des Kunden sowohl hinsichtlich der Funktion als auch der Gesamtgestaltung einschließlich der Gravur, Schaftgestaltung, Verschneidung, Einlegearbeiten und dergleichen mehr erfordert derzeit drei bis fünf Jahre Zeit.

Die »Bühag« unterbreitet auch eigene Angebote an Prunkwaffen, zu neunzig Prozent jedoch werden normal gefertigte und ausgestattete Gewehre hergestellt und verkauft. In allen Fällen produzieren und montieren die Handwerker nicht nur die funktionellen Elemente, sondern ebenso die schmückenden. Das Suhler Waffenhandwerk war ein seltenes und einzigartiges, selbst als die Berufsgruppe noch an die fünfhundert Betriebe zählte. Heute hat sie etwa vierzig und meint, die Büchsen- und Büchsenteilemacher dürften – gemessen an ihren Aufgaben – nicht zu musealer Rarität verkümmern, sondern können und müssen ihre seltenen Fähigkeiten und Fertigkeiten zu neuer Blüte und Repräsentanz führen.

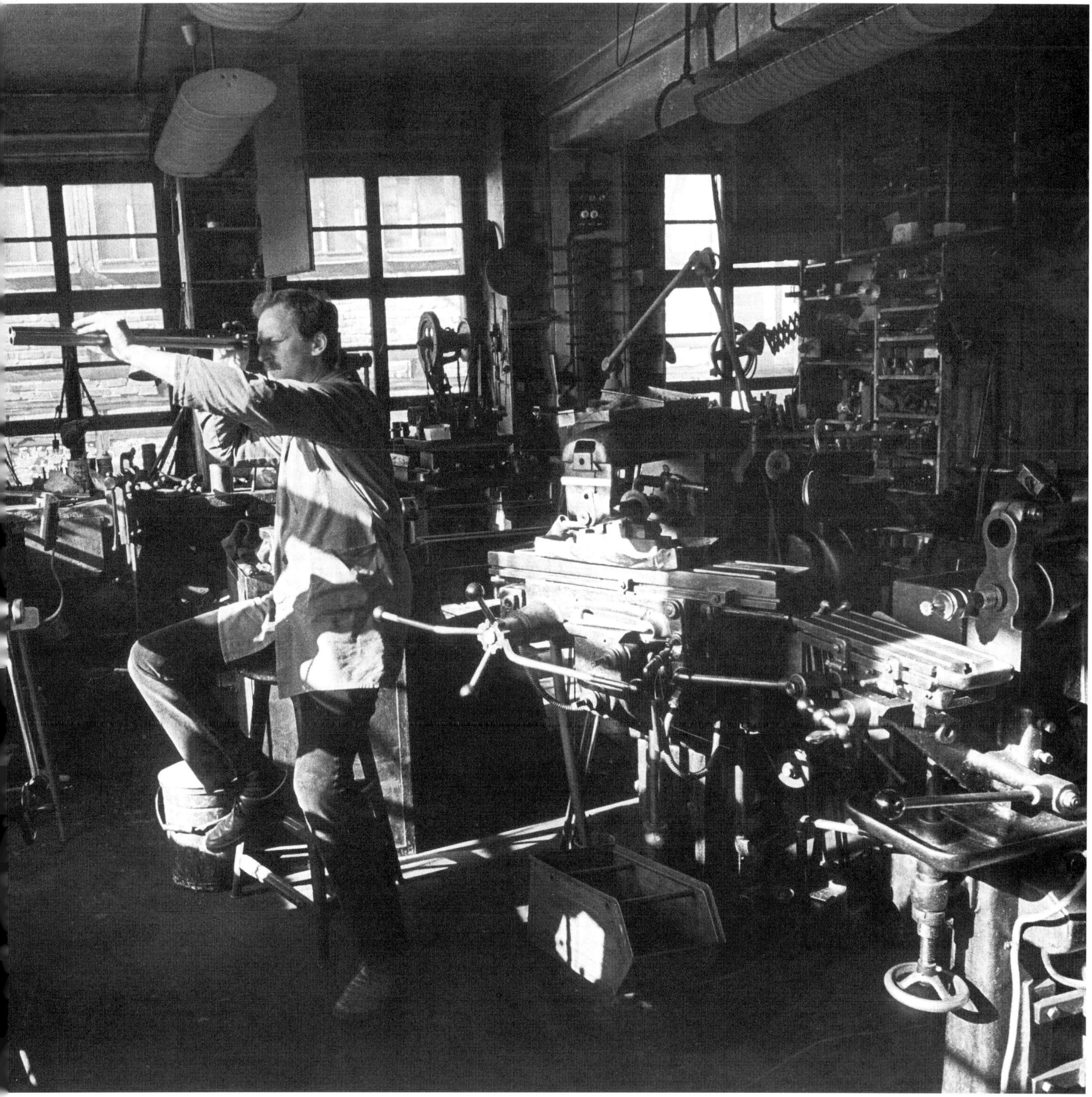

Man muß sich schon an einen Suhler wenden, der die Schleichwege kennt, wenn man den Zinngießer Herbert Vockrodt finden will. Das Waffenhandwerk ist in Suhl ein Begriff, aber Zinnguß? Dieses Handwerk ist nicht nur in Suhl selten und war doch über Jahrhunderte hinweg überall eine stolze, mächtige Zunft, die Zeichen setzte. Der älteste urkundlich nachweisbare »Kanngießer« in Suhl war Andreß Ell, wie ein Einwohnerverzeichnis aus dem Jahre 1602 besagt. Ältere Bekundungen sind den Stadtbränden zum Opfer gefallen, die früher an der Tagesordnung waren.

Seit der römische Naturforscher Plinius der Ältere und der griechisch-römische Arzt Galenus Zinn für Gebrauchsgegenstände, selbst für medizinische Gefäße, empfohlen hatten, weil es kaum oxydiert, außerdem billiger als Silber und haltbarer als Holz oder Ton ist, war es als Tafelzinn begehrt. Doch da hatte das silbrig glänzende Metall bereits eine Karriere als Bronzebestandteil hinter sich. Seine Blütezeit erlebte der Zinnguß rund um das Erzgebirge, nachdem dort im 12. Jahrhundert dieses Metall entdeckt und abgebaut wurde. Nicht nur zu ordinärem Tafelgeschirr wurde Zinn verarbeitet, man hielt es selbst höherer Weihen für fähig. Namentlich in bürgerlichen Kreisen und im Handwerk erachtete man es feierlichen Gebrauchs und entsprechend kunstvollen Schmuckes für würdig. Die Zahl der überlieferten Zunft- und Ratskannen ist beträchtlich, und der Ausdruck zünftige Tagung regt ja noch heute die Vorstellung von Speis und Trank an.

Die Zünfte wachten über die Solidität des Materials und der handwerklichen Arbeit. Zum Beispiel gab es genaue Verordnungen über den Bleizusatz zum Zinn, mit dem das Metall fester und geschmeidiger gemacht wurde. Die Nürnberger Mischung von zehn zu eins galt als vorbildlich, wenn sie auch nicht ausschließlich angewandt wurde. Nürnberg war überhaupt ein Zentrum des Zinngusses, namentlich seit Jacob Enderlein im 16. Jahrhundert durch seine Reliefdarstellungen berühmt wurde. Er knüpfte damit an Techniken und Stilvorstellungen des Franzosen François Briot an, der als eigentlicher Begründer des Reliefzinns angesehen wird, das nur Kredenzen und Wandborde zierte und kaum noch benutzt wurde – mit Ausnahme vielleicht der Willkommens-, Schenk- und Trinkkannen der Ratsherren und Zunftmeister. Für deren Zwecke geformte Gefäße konnte man nicht mehr tragen, wenn sie gefüllt waren, weswegen sie Schleifkannen hießen.

Aber nicht nur profanen Tafelsitten diente das Zinngerät, auch in kirchlichen Riten fanden Zinngefäße Eingang als Hostiendosen, Kelche, Kannen. Selbst figürliche Darstellungen hat dieses Metall erfahren, wie bei den Bergmannsfiguren im Erzgebirge, die als Leuchter dienten.

Von den Tischen wurde das Zinn seit dem 18. Jahrhundert durch die Fayence

und das Porzellan verdrängt, die als Geschirr besser geeignet und billiger waren. Auf den Kredenzen und Borden behauptet sich das Zinngerät als kulturgeschichtliche Rarität und als Raumschmuck. Sein Entwicklungsweg spiegelt ein Stück Sittengeschichte im europäischen Raum wider.

Zwar ist der Zinnguß ein seltenes Handwerk geworden, doch fordert dieses Metall mit seiner schlichten Schönheit, Nützlichkeit, Dauerhaftigkeit, Formbarkeit und einer großen kulturgeschichtlichen Vergangenheit immer wieder zur Gestaltung heraus, jedenfalls Herbert Vockrodt. Er stammt aus einer alten Handwerkerfamilie, aber niemand sang ein Zinngießerlied an seiner Wiege. Herbert Vockrodt besuchte die Volksschule, lernte Stellmacher, diente vier Jahre in der Nationalen Volksarmee, wurde Klavierbauer, Restaurator und als solcher am 1. Oktober 1974 selbständig. Er restaurierte Möbel, alte Waffen für Museen und private Kunden und bekam auch mit Zinn zu tun. Da er dieses Material am wenigsten beherrschte, beschäftigte er sich intensiv damit, und es wurde für ihn so faszinierend, daß er nur noch Zinnrestaurationen machte und schließlich Neues aus dem Metall goß. Anerkannter Kunsthandwerker war Herbert Vockrodt bereits als Restaurator, 1980 legte er die Facharbeiterprüfung für Zinngießerei in Potsdam ab. Am 7. Juni 1983 bestand er die Meisterprüfung in Dresden. Und nun kann er im eigenen Betrieb seine Vorstellungen von den Möglichkeiten der Zinngießerei hier und heute entwickeln. Die Auseinandersetzung mit der Vergangenheit bietet ihm viel Anregung. Besonders mit dem breiten Spektrum alter Krugformen setzt er sich immer wieder auseinander. Bisweilen bildet er gute alte Gefäße nach.

Bei den selbstentwickelten Mustern strebt er Strenge und Schlichtheit an. Er vertraut auf die Wirkung der Körperform und der Metallfläche. Die Entwürfe werden zuerst skizziert und gezeichnet, dann wird ein Modell aus Holz gedrechselt und schließlich die Form aus Aluminium gegossen oder aus Stahl gedreht, was haltbarer ist. Auch aus Messing oder Silikon kann die Form gefertigt werden. Sie darf nicht hintergriffig sein und muß bei der Abkühlung bis zuletzt einsaugen können.

Den Gußvorgang selbst bezeichnet Herbert Vockrodt als Erfahrungs- und Gefühlssache, als handwerkliche Kunst eben, in die natürlich viel Verständnis für Material, Werkzeug und Vorgänge einfließt. Die Gießtemperatur liegt bei dreihundert bis vierhundert Grad. Die Form wird mit »Schlichte« isoliert, die aus Ruß, feinstem Graphit-, Bolus- oder Bimssteinpulver, die in Wasser gelöst werden, besteht. »Schlichte« erschwert das Anhaften des Metalls und begünstigt den Guß. Dann wird die Form im Zinnbad erwärmt, vom Zinn gesäubert und zusammengesetzt. Schließlich erfolgt der Guß. Beim Abkühlen muß ein feinkörniges Gefüge entstehen. Dieser Kühlvorgang ist ebenso sensibel wie der Guß. Am Ende wird die Form auseinandergeschlagen, werden die Kerne entfernt. Dieser Rohguß wird abgedreht, wenn nötig, werden Teile zusammengesetzt und verlötet, und zum Schluß wird das Ganze verputzt. Dann kann es den Platz einnehmen, für den der Kunde es bei Herbert Vockrodt bestellt hat.

Seine Kannen, Krüge, Becher, Schalen, Teller, Leuchter verkauft er fast ausschließlich aus der Werkstatt heraus an Privatkunden. Glatt. Aber wer von seinen Kunden auf Ornamentales schwört, braucht nicht ungetröstet zu gehen. Gravuren besorgt für Herbert Vockrodt der Graveur Jochen Heym von der »Bühag«. Und bei dieser Mitteilung schließt sich für mich der Kreis – so weit liegen die Metiers des Büchsenmachers Helmut Adamy oben auf dem Windeweg und des Zinngießers Herbert Vockrodt tief unten in Heinrichs denn doch nicht auseinander, daß sie nicht eine Berührung miteinander hätten. Und wenn es über den Graveur ist.

Wie am Suhler Friedberg, so wurden am Zella-Mehliser Kaffenberg Handfeuerwaffen angefertigt. Pistolen. Was den Suhlern ihre Gewehre, waren den Zella-Mehlisern ihre Pistolen. Aber Friedrich Schlütter stellt in der Pistolenwerkstatt seines Großvaters etwas ganz anderes her: historische Volksmusikinstrumente. Es war für mich eine merkwürdig anrührende Erfahrung, daß man mit den gleichen Werkzeugen Pistolen, aber auch Schalmeien, Hirtenhörner, Maultrommeln, Dudelsäcke und Trumscheite bauen kann. Welch unterschiedliche Töne!

Profilbildend für Friedrich Schlütters Leben und für das einzigartige Handwerk, das er heute ausübt, wurde eine Leidenschaft: die Wiederentdeckung und Wiedererweckung historischer Volksmusik.

Schon früh hat die thüringische Hirtentradition mit ihrem Brauchtum Eindruck auf Friedrich Schlütter gemacht. Bereits 1619 wird die Zella-Mehliser »Hirtenzeche« erwähnt, zu der die Hirten alle sieben Jahre mit der Obrigkeit zusammenkamen, um Grenz- und Jagdfragen zu klären, zu schmausen, zu tanzen und zu musizieren. Diesen Brauch gab es seit 1825 nicht mehr. Im 20. Jahrhundert hat man im Rahmen von Heimatfesten wieder Wettblasen von Kuhhirten veranstaltet, die Friedrich Schlütter zwischen 1953 und 1972 in Zella-Mehlis miterlebte. Die Waldbewohner sind stolz auf die Hirtenweisen, die auf Hörnern oder Schalmeien geblasen werden, und auf das wohlabgestimmte Herdengeläut. Besonders in Ilmenau hält man ein »wandelndes Glockenspiel« in Ehren, dessen C-Dur-Dreiklang von Goethe angeregt worden sein soll. Beim Hirtentag in Stadtilm, der bis 1800 jährlich gefeiert wurde, musizierten Schafhirten

auf Schalmeien oder Dudelsäcken, mitunter pfiffen sie sogar Melodien auf den Fingern. Auf alle Fälle steckte im Hirtenbrauchtum viel Poesie und Musikalität, die für Friedrich Schlütter entdeckens- und pflegenswert erschien.

Das alljährlich stattfindende Hirtenblasen in Zella-Mehlis, das eigene Mitwirken im Folklore-Ensemble des Bezirkes Gera in Rudolstadt, seine Beteiligung am Aufbau des Heimatmuseums in Zella-Mehlis, das eine Beschäftigung mit der Ethnographie erforderte, das Erlebnis der Folklore anderer Völker bei internationalen Begegnungen weckten das Bedürfnis, die eigene Folklore wiederzubeleben. Dabei fand er in dem Arnstädter Volkskundler Ernst Stahl einen Anreger und Mitstreiter. Sollten seine Lust und Leidenschaft nicht in Träumen verschweben, mußte er sie vergegenständlichen, ihnen Organe schaffen zur Betätigung. Friedrich Schlütter erkannte die Notwendigkeit, Melodien zu finden, Leute zu begeistern, Instrumente zu bauen – und alles zusammen einem möglichst zahlreichen Publikum nahezubringen. Ein umfassendes Programm, von dem uns hier die Entstehung eines neuen Handwerks für alte Instrumente interessiert.

In den siebziger Jahren begann Friedrich Schlütter erste historische Volksinstrumente zu bauen. Mit einem Hirtenhorn fing es an. Ein geeigneter Ast im Walde wurde gefunden, getrennt, mit der Hand ausgehöhlt, wieder zusammengefügt – und siehe da, man konnte darauf spielen, um so besser, je mehr man übte.

Es folgten das Birkenblatt und Maultrommeln. Als die Instrumente da waren, entstand der Bedarf nach ihnen, so daß Friedrich Schlütter 1980 zu ihrer gewerblichen Herstellung überging. Diese Nebenbeschäftigung füllte ihn aus, und 1982 machte er sie zum Hauptberuf.

Heute stellt Friedrich Schlütter Hirtenhörner (Naturtrompeten), Maultrommeln und Dudelsäcke (sowohl süd- als auch nordeuropäische) her. Er beschäftigt sich außerdem mit Schalmeien, Drehleiern, Trumscheiten, Thüringer-Wald-Zithern und Hackbrettern. Aber es gilt ja nicht nur die Instrumente anzufertigen, sondern die ihnen gemäßen Melodien wiederzufinden und zu arrangieren, ein Repertoire zu schaffen, das er mit seinen Musikanten dann darbieten kann. Es ist die Musik, die neben der höfischen und der Kirchenmusik bestand, ohne Noten, tradiert in Köpfen und Herzen von Hirten, Waldarbeitern, Fuhrleuten, Hausfrauen, ältere Volksmusik. Er möchte mit seinen Instrumenten nicht allein Heimatmuseen und Instrumentensammlungen bestücken.

Sein Anliegen geht weit darüber hinaus. Er ist bestrebt, ein Stück verschütteter, teilweise verlorengegangener Volkskultur wieder freizulegen und zum lebendigen Bestandteil heutiger Musikkultur werden zu lassen. Er sucht nach geeigneten Formen der Darbietung. Es hat ihn gewurmt, daß im internationalen Vergleich die mitteleuropäische Folklore gegenüber der noch wesentlich gegenwärtigeren und spontaneren afrikanischen, asiatischen oder südamerikanischen ziemlich blaß und tot wirkte. Nach Friedrich Schlütters Überzeugung ist das nicht naturgegeben, aber es kostet viel Mühe und Kraft, den Zustand zu überwinden. Er ist gewillt, diese Kraft aufzuwenden. Für seine Instrumentenherstellung hat der gelernte Werkzeugmacher genügend handwerkliche Voraussetzungen, um die Hölzer, Metalle und sonstigen Materialien in charakteristischer Weise zum Klingen zu bringen. Liebe zur Musik, Begeisterung für die Wiedergewinnung eines verschütteten Erbes, handwerkliches Geschick und Forscherdrang, die Fähigkeit, selbst aktiv zu musizieren und andere zu begeistern, sowie der feste Wille, keine noch so beschwerliche Mühe zu scheuen, mußten zusammenkommen, damit aus der Pistolenwerkstatt am Kaffenberg in Zella-Mehlis die Werkstatt für historische Volksmusikinstrumente werden konnte, die den Namen Friedrich Schlütters weit über die Grenzen unseres Landes bekannt gemacht hat. Meister Schlütter leitet ein Ensemble, das sich »Thüringer Spielleut« nennt und die alten Instrumente und historischen Melodien wieder klingen läßt.

BÜHAG-SUHL HANDWERKSARBEIT
BÜHAG-SUHL
HANDWERKSARBEIT

Wohl kaum ein Gebiet hat in der Vergangenheit so vielen Herren Land gegeben wie Thüringen. Wenn man den Rennsteig entlangwandert, gelangt man von einem Dreiherrenstein zum anderen. Einem schwungvollen historischen Entwicklungsgang mag diese Tatsache als schwerer Ballast im Wege gestanden haben. Den Medailleuren haben die zahlreichen territorialen Prägestätten allerdings ein anregendes Betätigungsfeld eröffnet. Die Ausbildung ihrer künstlerischen und handwerklichen Fertigkeiten hat das ebenso gefördert wie das Büchsenmacherhandwerk im Raum Suhl, Zella-Mehlis, Ilmenau, das Graveurtalente mit künstlerischer Begabung herausforderte. Das könnte erklären, warum in Vergangenheit und Gegenwart namhafte Münzeisenschneider und Medailleure aus dem Thüringer Raum kamen. Auch Helmut König steht in dieser Tradition. Er lernte Jagdwaffengraveur und arbeitete Jahre hindurch in diesem Beruf. 1962 bestand er die Meisterprüfung als Graveur. Heute ist er als Medailleur aus dem Medaillenschaffen unserer Republik nicht mehr wegzudenken.

Gravuren sind vielleicht die ältesten Kunstäußerungen der Menschen. Wir finden sie schon in den Höhlen, die den Urmenschen Unterschlupf boten, und auf ältesten Tonscherben. Dekorativ, sinnbildlich, den ästhetischen Sinn des Menschen ansprechend waren die Gravuren von Anfang an und sind es geblieben, selbst dort, wo sie – wie in der Druckerei – mit modernen, industriellen Verfahren nutzbar werden. Der Graveur stellt heute auch Formen her für Artikel des täglichen Bedarfs, dient aber mit seinen besten Arbeiten nach wie vor der hervorhebenden künstlerischen Gestaltung, die bestimmte Ereignisse oder Persönlichkeiten würdigen soll. Ein vorzügliches Ausdrucksmittel solcher Würdigung ist die Medaille. Entsprechend groß ist die Verantwortung bei ihrer Gestaltung. Sie erfordert höchstes künstlerisches Einfühlungsvermögen und handwerkliche Fertigkeiten beim Umgang mit dem Material und den Werkzeugen. Der Weg zum fertigen Prägestempel aus Freitaler Edelstahl ist oft lang und schwierig. Da treten nicht nur Stichel, Feilen, Punzen, Gravierhämmer verschiedenster Art und Größe in Aktion, sondern auch Hilfsmaschinen – eine dreidimensionale Deckelgraviermaschine, eine Metallsäge, eine Drehmaschine, Pressen oder ein Muffelofen. Der Entstehungsprozeß einer Medaille beginnt damit, die darzustellende Persönlichkeit oder das zu würdigende Ereignis in der historischen Bedeutung und mit den Bezügen zu unserer Zeit zu studieren, ehe die Medaille skizziert wird. Bei Porträts folgt ein Modell in Plasteline. Dann setzt die eigentliche handwerklich-künstlerische Kreation ein, für die Helmut König in befreundeten Numismatikern kritische Partner gefunden hat. Die sind ihm ebenso wichtig wie die Erfahrungen, die er bei der Gestaltung sammelt. Man lernt mit jeder Arbeit, sagt der Meister. So sei es gewesen, seit er auf Veranlassung des Herrn Bittner, der in Gotha eine Metallprägeanstalt leitet, den ersten Prägestock hergestellt habe. Die Bekanntschaft war zufällig, das zeichnerisch-plastische Talent und die Lust, es zu betätigen, bestanden von Kind auf, und die handwerkliche Fertigkeit in verschiedenen Richtungen des

Graveurberufes konnte in den Jahren des Tätigseins reifen und sich ausprägen. Der Versuch gelang, das vorgelegte Werk empfahl den Meister, empfiehlt ihn noch heute in einem Maße, daß selbst ein Gespräch über seine Arbeit wie ein Raub empfunden werden muß, den ein neugieriger Interessent für seltene Handwerksberufe an Helmut Königs Kunden verübt. Das sind nicht nur die verschiedensten gesellschaftlichen Institutionen, auch die Nachbarn, die Freunde, die Verwandten und Bekannten. »Ich lebe mit allen diesen Menschen. Sie brauchen mich, ich brauche sie.« Er kann und will seine Tür nicht verschließen. In der örtlichen Verwobenheit ist Helmut König groß geworden. Seine Reputation als Graveur und Medailleur, die er sich durch harte Arbeit auf einem schweren Weg, der nicht von Klippen frei war, erworben hat, hebt ihn heraus aus dem territorialen Bezugsfeld.

Mehr als vierhundertfünfzig Medaillen entstanden unter Helmut Königs Händen, und zunehmend werden sie von ihm selbst entworfen und die Prägestempel gefertigt. Längst ist sein Schaffen national und international anerkannt. Ausstellungen im In- und Ausland zeigen seine Arbeiten.

Die Kraft und viele Anregungen zu neuen Schöpfungen gewinnt Helmut König nicht zuletzt durch seine Familie. Sah man ihn in jungen Jahren als Kletterer schwierige Felspassagen hinaufstreben, so wandert er jetzt oft an der Seite seiner Frau durch die Wälder – im Winter auf Skiern. Aus vielfältigen Bezügen und Stimmungen wachsen die Sinnbilder, die Helmut König in seinen Medaillen niederlegt und die ihnen – so alt ein Handwerk auch ist – ein Gepräge des Heutigen vermitteln.

Auf Leute, die gern Jägerlatein erzählen, wird Werner Trauts Gewerbe zwiespältig wirken. Einmal schafft der Tierpräparator dem passionierten Jäger Gelegenheit, bemerkenswerte Jagdtrophäen dauerhaft zu erhalten. Andererseits bilden seine Arbeiten eine Barriere für eine allzusehr ausufernde Jägerphantasie. In ihnen repräsentiert sich aber nicht nur der Stolz des glücklichen Jägers, die präparierten Tiere sind zugleich auch Anschauungs- und Lehrstücke. Und die Zahl der Naturfreunde wächst im gleichen Maße, wie die Nachrichten über Naturgefährdung zunehmen. Deshalb floriert Werner Trauts Gewerbe, das derzeit neben ihm nur noch einer im Bezirk Suhl ausübt. Die Tierliebe hat Werner Traut schon als Kind entwickelt. Sein Vater war Vogelsteller, nicht heimlich, hinterm Busch, sondern amtlich, mit einem sogenannten Ringschein ausgestattet. Nebenamtlich allerdings fing und beringte er Vögel, damit der Erforschung des Vogelzuges dienend. Auch der Großvater ging oft in den Wald, und bisweilen nahm er den Enkel mit. Mit der Tierbeobachtung in freier Wildbahn erwarb Werner Traut sich erste Voraussetzungen für den Beruf eines Tierpräparators.

Den Lebensunterhalt indessen verdiente er, wie alle Trauts vor ihm, zunächst in der Glasbläserei. Er machte Christbaumschmuck, versuchte sich auch als Kunstglasbläser, und noch heute könnte er die Glasaugen blasen, die er für seine präparierten Tiere braucht. Frühzeitig begann er, sich nebenher mit Tierpräparationen zu befassen. Der Bedarf für präparierte Tiere bei Jagdgesellschaften, Schulen und Museen wie vielen Privatleuten war groß.

Werner Traut spürte seine Befähigung, Tierkörper in einer charakteristischen Haltung und Physiognomie zu präsentieren. »Tierphysiognomien müssen beherrscht werden«, sagte er in seiner lapidaren Art, als wäre es das Einfachste auf der Welt. Seine Naturbeobachtungen ergänzte er durch intensive Tierstudien, vor allem befaßte er sich mit der Anatomie. Er erlernte die Mittel und Verfahren, mit denen die Bälge und Skelette haltbar zu machen und die Fleisch- und Fettbestandteile durch geeignete Materialien zu ersetzen waren, um ein natürliches Aussehen der Präparate zu verbürgen. Aber ehe man ein Tier ausstopfen konnte, mußte man einen unversehrten Balg haben. Erst dann konnten Skalpelle, Scheren, Zangen, Pinzetten, Nadeln mit vielen gekonnten Handgriffen in Aktion treten, bei jedem Tier anders. Und alles kostet Zeit. Für einen Eichelhäher benötigt er einen halben Tag, für einen Bussard einen ganzen. An einem Fischreiher arbeitet er zwei Tage. Für einen Mufflonkopf braucht Werner Traut drei bis vier Tage, für ein Reh oder einen Keiler fast einen Monat. Die Tierhäute werden von den Kunden gebracht. Bis Fuchsgröße sind nur Haut und Beinknochen erforderlich, bei größeren Tieren Haut und Skelett. Mit diesen Vorgaben beginnt dann die Modellierungsarbeit, die der eines Plastikers verwandt ist. Doch muß Werner Trauts Plastik am Ende in einer vorgegebenen Außenhaut stecken und passen!

Solange Werner Traut Tiere als Hobby präparierte, genügten seine autodidaktisch erworbenen Kenntnisse und Fähigkeiten. Als er sich aber im dreißigsten Lebensjahr entschloß, der Glasbläserei Valet zu sagen und die Tierpräparation gewerblich zu betreiben, mußte er auf der Augustusburg bei Karl-Marx-Stadt eine Lehre durchlaufen, die ihm den amtlichen Befähigungsnachweis für seine neue Tätigkeit einbrachte. Danach konnte er – zunächst in Neuhaus – einen Betrieb eröffnen. Als ich ihn besuchte, war er gerade nach Neustadt am Rennweg

umgezogen, in ein altes Schieferhaus in der Bahnhofstraße, das ihm schon neue Werkstätte war und neue Wohnstätte werden sollte.

Die Anforderungen an den Tierpräparator führten fast zwangsläufig dazu, die Familie in die Arbeiten mit einzubeziehen. Die Tochter zum Beispiel, die Holzbildhauer lernt, fertigt die Trophäenschilder an. Werner Traut hat auch die Absicht und Aussicht, einen Mitarbeiter aufzunehmen. Ob er so die Wartezeiten für die Kunden, die gegenwärtig drei bis vier Jahre betragen, wesentlich verringern kann, ist nicht gewiß, denn die Nachfrage wächst. Werner Traut öffnete zwei riesige Gefriertruhen, in denen vom Fasan über den Mufflonkopf, den Fuchs und das Reh nahezu alles zu betrachten war, was in den Jagdrevieren zwischen Ostsee und Thüringer Wald kreucht und fleucht. Arbeit für Jahre! Auch Reptilien, mit denen sich Werner Traut bisher nicht befaßt hat, will er künftig bearbeiten.

Das Gebiet der Tierpräparation sei so weit, daß es selbst nach jahrelanger Arbeit immer wieder Neues zu entdecken gebe, meint der Fachmann. Das reize ihn besonders. Werner Traut ist jung. Er kann noch vieles entdecken, vieles leisten. Trotzdem denkt er schon in die Zukunft, wenn er die Zuversicht äußert, seine Kinder werden das Gewerbe weiterführen. Wächst so aus dem leidenschaftlichen Engagement nicht nur ein Betrieb, sondern auch eine Tradition?

Am 6. März 1869 annoncierte der Messerschmied August Lützelberger im »Sonneberger Anzeiger«, er habe sich in der Sonneberger Kirchstraße niedergelassen und bitte um regen Zuspruch. Für den Messerschmied stand damals noch die Reputation auf des Messers Schneide. Würde er fürstliche Gunst erringen können oder ein als Scherenschleifer herumziehender Paria sein? Die Annonce, vor allem wohl aber die handwerkliche Solidität des Gründers der Lützelbergerschen Messerschmiede vermochten dem Betrieb Ansehen zu erringen. Er besteht nun schon in der vierten Generation. Arno Lützelberger, der Enkel des Gründers, gab den Erzeugnissen der Sonneberger Werkstatt einen Stil, der weit über die thüringische Region hinaus Beachtung fand. Immer wieder hat er die Fachwelt mit frappierenden neuen Arbeiten überrascht, ob das auf einer Berliner Ausstellung 1932 zwei exquisite Flammendolche, in Solingen ein Taschenmesser mit zweiundfünfzig Teilen oder ein Besteck mit dem kleinsten Messer und der kleinsten Schere der Welt – beide funktionstüchtig – waren.

Der Sohn eines Mannes zu sein, der in Europa ob seiner handwerklichen und künstlerischen Qualitäten geschätzt und mit höchsten Ehren bedacht wird, droht eine Hürde zu werden, an der man straucheln kann. Walter Lützelberger ist das zum Ansporn geworden. Der Vater enthielt ihm nichts vor, und er eignete sich die Fertigkeiten, Kniffe und Erfahrungen an. So konnte er die Formbarkeit der Materialien und die Gestaltungskraft der Werkzeuge und Maschinen erproben. Er hat seine eigene Vorstellungs- und Formkraft entfaltet und es vermocht, mit der gleichen Feder in das gleiche Faß zu tauchen und doch mit einer eigenen, unverwechselbaren Handschrift zu schreiben. Es gelang ihm, die künstlerische Komponente der Lützelbergerschen Messerschmiede zu erhalten und auszubauen.

Das Einhandbesteck ist unter anderem seine Entwicklung. Trotz einer jahrtausendealten Tradition sind Erfindungen im Messerschmiedegewerbe auch heute möglich. Walter Lützelberger rechnet das Messer zu den ältesten Gebrauchsgegenständen des Menschen. Bereits in der Steinzeit hat man gespaltene Feuersteine zum Schneiden verwendet, andere Steine wurden angeschliffen. Später sind Schneidewerkzeuge aus Bronze gefertigt worden. Die eigentliche Zeit der scharfen Klingen aber brach mit der Eisenzeit an. Als Werkzeuge und Waffen erlangten sie legendäre Bedeutung. Schwerter bekamen Namen – wie Siegfrieds Balmung –, ihre Schöpfer galten als Adepten, die mit Zauberkräften ausgestattet waren, sei es nun der sagenhafte Wieland oder der Schmied von Ruhla. Namhafte Hieb- und Stichwaffen mußten die Zeichen ihrer göttlichen Wunderkraft sichtbar tragen.

Und sie durften nicht in falsche Hände gelangen. Zwischen Waffenträgern und Waffenschöpfern bestand ein geheimes Einvernehmen. Lanze und Schwert, die den Schmieden einst königliche Gunst einbrachten, sind längst außer Mode. Nur der zur Jagd gebräuchliche Hirschfänger bietet seine Flächen auf der Klinge, am Heft und auf der Scheide noch für sinnbildliches Dekor dar. Wer sich in Suhl eine Prunkwaffe mit Elfenbein und Edelstahl bestellt, wird sich kein Küchenmesser als Weidblatt in die Manteltasche stecken wollen. Den Prunkdolch zum Prunkgewehr kann Walter Lützelberger liefern. Er nimmt einen Stahl X 40 CR 13, der zwanzig bis fünfundzwanzig Millimeter breit und drei bis sechs Millimeter dick ist in gewünschter Länge, erwärmt ihn gleichmäßig, schmiedet zunächst die Spitze. Dann geht er mit einem Vorschläger – seinem Schwiegersohn Ernst Sommer – daran, die breite Schneide zu schlagen. Dabei ist ein flottes Tempo vonnöten, bei dem man genauen Takt halten muß. Mit zweimaligem, höchstens dreimaligem Wärmen muß die Schneide fertig sein. Als

letztes schmiedet er eine Angel für das Heft. Dann wird die Klinge gehärtet, genau auf Form, gleichmäßig blank geschliffen und poliert. Die Dekoration durch Gravur oder Ätzung will zweifellos technisch beherrscht, vor allem aber künstlerisch gemeistert werden. Kunstfertigkeit erfordern ebenso die Ornamente des Heftes und der Scheide, die vielfältigen Materialien eingeprägt werden können. Es liegt nahe, den Griff eines Jagdmessers aus Hirschhorn zu fertigen. Den Abschluß bildet die Rose mit dem Rosenstock. Jeder Rosenstock ist anders, aber wenn Walter Lützelberger sich einen anschaut, findet er sehr bald, was daraus entstehen kann, ein Fuchs, ein Wildschwein oder ein Auerhahn. Die Enden der Parierstange oder des Klingenschutzes, die das Heft von der Klinge abgrenzt, arbeitet er ebenfalls aus Hirschhorn mit dekorativen Rosenstöcken, die von einer Randzwinge zusammengehalten werden. Dabei ist der Messerschmied als Hirschhornschnitzer in die künstlerische Pflicht genommen. Aber statt des Hirschhorns könnten gleichermaßen Elfenbein, Knochen, Schildpatt, Kunstharz, Piacryl, Zelluloid, ja sogar Walroßzähne oder Wildschweinhauer, die besonders schwer zu bearbeiten sind, in Betracht kommen. Auch Porzellan, Neusilber, Messing, Kupfer, Silber, Leichtmetall, Glas, Preßstoffe, Kokos und Hartgummi sind von Walter Lützelberger schon verwendet worden. Die Entdeckung neuer Materialien ist ihm immer wieder eine Lust. Zur Zeit versucht er, den Bernstein seinen Zwecken zu erschließen. Walter Lützelberger ist stets bereit, Neuland zu betreten. Dafür benutzt er viel Freizeit, denn der Messerschmied kann nicht nur vor-, er muß ebenso nacharbeiten. Für die Sonneberger Spielwarenhersteller hat er wöchentlich die benötigten Handzuschneidemesser, Steppmesser, Schnitzmesser und Scheren zu schleifen. Unzählige Messer und andere Schneidinstrumente für weitere Industriezweige, für Ärzte und Wissenschaftler, für Handwerk und Gewerbe, für die Landwirtschaft, insbesondere für die Gastronomie und für die Haushalte bedürfen des Schliffs, der Pflege oder der Reparatur. Mit diesen Arbeiten, die die meiste Zeit des Meisters in Anspruch nehmen, leistet Walter Lützelberger nicht nur Dienste, sondern ermöglicht und erleichtert zugleich schwierige Arbeitsprozesse mit sinnreichen Konstruk-

tionen und neuen Verfahren. Das Alte, soweit es Anspruch darauf habe, sollen wir ehren und bewahren, aber leben sollen wir recht eigentlich für das Neue, hat Theodor Fontane einmal angemerkt. Ich weiß nicht, ob Walter Lützelberger diesen Gedanken gelesen hat, jedenfalls scheint er ihm Richtschnur für sein Handeln zu sein. Er ist darauf eingestellt, die Möglichkeiten des Messerschmiedehandwerks heute in der ganzen Breite auszuschreiten. Da kommen sowohl Bestecke und Schmuck, Jagdwerkzeug einschließlich der Prunkstücke mit Originalitäten, Brieföffner, Scheren und viele weitere Spezialitäten aus der Werkstatt in der Sonneberger Karl-Marx-Straße. Das bedeutet nicht, daß Walter Lützelberger auf die Werkstatt mit ihren vielfältigen Maschinen und Werkzeugen, ihren mannigfaltigen Materialien und mit der einmaligen Sammlung origineller Schneidegeräte eingeschränkt bliebe. Ein Blick aus dem Fenster der Werkstatt in den Garten deutet auf ein Hobby hin, das er intensiv betreibt wie alles: Er hegt und züchtet Ziervögel. Exoten. Das steht in bestem Einklang mit seiner Liebe zu Wald und Flur, die ihm die meisten seiner Motive liefern, in die sein Schaffen eingebunden ist, wie weit es auch hinausstrahlt und ein Handwerk mit großem Können repräsentiert.

Der Durst ist der Vater der Brauerei! Das »schäumende Gerstengetränk« wurde von alters her in manchem Lied besungen. Das Bier hat Tradition, die ich bei Familie Obstfelder bestätigt fand. 1875 entstand bei der Jacobischen Ausspanne bei Stadtilm an der alten Handelsstraße zwischen Erfurt und Nürnberg im Bauerndörfchen Singen eine Brauerei – sie ist die kleinste in der Deutschen Demokratischen Republik – mit einer winzigen Dampfmaschine, es soll sogar die kleinste sein, die heute auf der Erde arbeitet. Das Fuhrwesen, das ganzer Pferde und nicht nur der Pferdestärken bedurfte, kam mit dem technischen Fortschritt aus der Mode, auch die Ausspannen. Aber der Durst blieb. Vielleicht ist das Singener Bier schon immer getrunken worden, weil's schmeckt. Grund genug! Die Singener Brauerei war ausreichend, den Bedarf in Singen und einer Gaststätte im nahe gelegenen Gräfinau-Angstedt zu decken. Ihr Produkt war offenbar so wohlschmeckend, dort kein Bedürfnis nach anderen Bieren aufkommen zu lassen. Andererseits war sie klein und abgelegen genug, um der sich ausbreitenden und ausweitenden Brauindustrie nicht ins Gehege zu geraten. Selbstbehauptung und Selbstbeschränkung führten zur Selbsterhaltung von exemplarischer Bedeutung, von musealem Wert. So alt und klein sie ist – die Singener Brauerei nährt nicht nur ihren Mann, sondern eine ganze Familie.

Seit 1885 braute in Singen die Familie Schmitt, deren Namen die Brauerei noch heute trägt, obwohl sie seit Jahren von der Familie Obstfelder betrieben wird. Allerdings ist Edith Obstfelder eine geborene Schmitt. Sie hat die Brauerei von ihrem Vater Oskar, dieser von seinem Vater Richard übernommen und damit die Familienkontinuität gewahrt. Aber Fritz Obstfelder, Edith Obstfelders Mann, gelernter Landwirt, ist längst in die Geheimnisse des Schmitt-Bieres eingeweiht, und der

Sohn Uwe kann inzwischen auch den schäumenden Singener Goldquell sprudeln lassen. Er hat im Getränkekombinat Erfurt den Beruf eines Brauers erlernt und überwachte den Brauprozeß nach der klassischen Brauart, als ich das geschützte technische Denkmal in Singen betrat. Fritz Obstfelder erklärte gerade einer ausländischen Besuchergruppe, die ein nahe gelegenes Industriekombinat geschickt hatte, die Anlage. Anschließend bewirtete er die Gäste mit dem hauseigenen Produkt. »So was passiert alle Tage«, versicherten die Obstfelders. Und dicke Gästebücher bestätigen das vielsprachig. Seine mit geduldiger Aufmerksamkeit betriebene Arbeit gestattete Uwe Obstfelder, mir den klassischen Brauvorgang zu erläutern. Zuerst wird das aus Arnstadt bezogene Malz, eine vorgekeimte Gerste, wie sie zum Brauen benötigt wird, geschrotet, in der Maischpfanne mit Wasser angesetzt und erhitzt. Das für ein gutes Bier so wichtige Wasser beziehen die Obstfelders aus einer Quelle, die ein paar hundert Meter neben ihrer Brauerei entspringt. Maische nennt man das geschrotete und gewässerte Malz. Ihre Erhitzung erfolgt in drei Stufen oder Rasten, wie die Brauer sagen. Das bedeutet, die Temperatur wird dreimal in einer bestimmten Höhe für eine Weile konstant gehalten. Das Maischen hat den Zweck, die Stärke der Gerste möglichst vollständig in Zucker umzuwandeln. Ist das erfolgt, beginnt das sogenannte Abläutern, wodurch man die Würze gewinnt. Dazu läßt man die Maische aus der Maischpfanne in den Läuterbottich ab, wo sich die festen Bestandteile – die Treber – ablagern. Die Würze kommt in die Pfanne zurück. Dabei muß der Brauer darauf achten, daß der Treber gut ausgelaugt wird, das bedeutet, die Enzyme für den Maischeprozeß zu erhalten. Beim Kochen der Würze werden sie allerdings dann völlig zerstört. Trotzdem wirkt Bier nicht nur durch Alkohol, sondern durch mancherlei Vit-

amine, Mineralien und Spurenelemente auf den menschlichen Organismus anregend. Bier hat auch heilende Wirkungen!

Wenn die Würze gewonnen ist, wird sie in der Pfanne mit Hopfen vermischt und gekocht. Danach setzt man sie mit Hefe und Wasser in großen Gärbottichen an, in denen das Bier gären und reifen kann. Im Gärprozeß wandelt sich der Zucker in Alkohol um. Ein Kilogramm Hefe für einen Hektoliter Bier benötigt man. Die Hefe wirkt zwar in diesem Prozeß, geht aber nicht in das Bier ein, weshalb sie mehrfach zu verwenden ist. Das Brauen des Bieres vollzieht sich in etwa zwölf Stunden, das Gären in sieben Tagen, das Reifen dauert mindestens acht Wochen in großen Eichenfässern, die in eiskalten Kellern lagern. Die Abkühlung erfolgt heute natürlich elektrisch, obwohl die Teiche, auf denen in vergangenen Zeiten im Winter Eis für das ganze Jahr gewonnen wurde, noch vor der Brauerei gut erhalten sind. Zum Schluß wird das Bier in Fässer oder Flaschen – in Singen zum geringen Teil – abgefüllt, zweitausend Liter wöchentlich. Der kleine Kreislauf, den das Schmittsche Gefäßsystem durchläuft, gestattet, die sonst nicht mehr gebräuchlichen schlanken Flaschen mit Porzellanverschluß und Gummiring und das herkömmliche Holzfaß zu verwenden, wenngleich bei nichtständigen Kunden auch moderne Kronenverschlüsse und handelsübliche Flaschen sowie moderne Metallfässer benutzt werden.

Der in groben Zügen geschilderte Brauvorgang hat natürlich seine Klippen und Besonderheiten, die jeder Brauer auf seine Weise meistert. Und diese besondere Weise ist und bleibt ein gehütetes Geheimnis des Hauses. Jeder braut sein eigenes Bier, und Schmitt-Bier gibt es nur in Singen. Es ist einmalig wie die Brauerei, aus der es kommt. Der Brauer arbeitet mit allen Sinnen, um Hopfen, Malz und Wasser, deren Qualitäten ja ebenfalls mannigfaltig schwanken, in einem in Singen wöchentlich erneuerten Prozeß zu Bier werden zu lassen. Viele Erfahrungen und überkommene Fertigkeiten müssen sich bewähren, damit gütebesiegeltes Schmitt-Bier entsteht. Das Bier ist unter allen Getränken vielleicht das deutscheste, und darum: Hopfen und Malz, Gott erhalt's! Es wird eben hierzulande viel aufs Bier und um das Bier herum gereimt.

Wenn von der Glocke die Rede ist, denke ich zuerst an Friedrich Schiller, der dieses bronzene Gebilde von Menschenhand einen metallenen Mund genannt hat, der das gemeinschaftliche Leben in allen seinen Wechselfällen begleitet und dabei zur Andacht mahnt an die ernsten Dinge des Lebens. Seine umfangreiche Ballade bereitete mir viel Mühe beim Auswendiglernen, und der Schlußsatz »Friede sei ihr erst Geläute« war mir damals und ist mir heute aus tiefster Seele gesprochen, wenn auch aus jeweils anderen Gründen. Aber nicht alle Glocken läuten hoch vom Turme. Das wurde mir klar, als ich die Erfurter Glockengießerei Wittrien betrat. Das war leichter gesagt als getan! Denn ich brauchte die Hilfe Eingeweihter, um zu erfahren, daß man in das Gelände des Batteriedienstes in der Weimarer Straße eintreten muß, um schließlich in einem Nebengebäude die Wittrienschen Werkstätten zu entdecken. Die Eingeweihten, das sind vor allem die Schiffbauer der Deutschen Demokratischen Republik. Alle Schiffe von Werften der DDR sind mit Wittrien-Glocken ausgestattet. Kein Schiff darf den Hafen verlassen, ehe es seinen Glockenruf erschallen lassen kann. Einmal wäre die Übergabe eines Schiffes an die Reederei beinahe gescheitert, weil die Schiffsglocke auf dem Bahntransport spurlos verschwand. Es muß stille Liebhaber des Gerätes geben, dessen einzige Aufgabe es ist, zu tönen, zu rufen, Aufmerksamkeit aller zu erheischen für ein besonderes Anliegen, von dem jeder weiß und an das er zur rechten Stunde erinnert wird.

Wie vielen Zwecken ein solcher Ruf dienen kann, wird mir klar, als ich einen alten Katalog der Firma Wittrien durchblättere. Da werden nicht nur Kirchenglocken jeden Gewichts aus Bronze angeboten, sondern Russische, Ungarische, Schweizer, Kempner- oder Allgäuer Glocken, Kentucky-Glocken, Signal-Glocken leichter und schwerer Ausführung, Metallglockenschalen, Ausschellglocken, Straßenbahn- und Lokomotivglocken, Wagentretglocken, Kuhglocken der Thüringer, Schweizer und Tiroler Form. Ein reiches Sortiment. Aber die »Erz- und Glockengießerei Wittrien« stellt auch alle anderen Arten von Metallgüssen nach Kundenmodellen her. Jeder Guß ist möglich, erklärt Manfred Wittrien, der jetzige Inhaber der seit 1886 in Erfurt heimischen Firma.

Erfurt ist eine alte Glockengießerstadt. Um 1600 sollen sechzehn Glockengießer hier ansässig gewesen sein, obwohl das damals ein Wanderberuf war. Wo Kirchen gebaut wurden, ließ man sich nieder, goß die Glocken und zog mit seinen Gesellen weiter. Erfurt war eine Kirchenstadt. Und die Glockengießer bildeten gemeinsam mit den Kanonengießern eine Zunft. Beide arbeiteten mit dem gleichen Metall – nur in verschiedenen Formen!

1497 stellte ein Kempener Glockengießer die bekannte »Gloriosa« her, mit der Erfurt bis heute über eine der klangschönsten und berühmtesten Glocken der Welt verfügt. Im Jahre 1985 wurde dieses Wunderwerk in einer dramatischen Reparaturaktion von einem Haarriß befreit. Dabei mußte die »Gloriosa« im Glockenstuhl auf vierhundertzwanzig Grad erhitzt und geschweißt werden. Seitdem klingt sie voller und nachhallender als je zuvor.

In Manfred Wittriens Werkstatt stand bei meinem Besuch eine Glocke in einem massiven eisernen Glockenstuhl. Sie war für eine Kirche in Tansania bestimmt. Auch für das Albert-Schweitzer-Krankenhaus in Lambarene hat er schon drei Glocken gegossen. Kirchenglocken bilden bei Manfred Wittrien jedoch die Ausnahmen, sie bleiben die Domäne des VEB Glockenguß Apolda, der vormaligen Firma Schilling. Darin sind bereits die Vorväter der Schillings und Wittriens übereingekommen. Alles andere macht Manfred Wittrien mit seinem Gesellen in Erfurt. Daher klingeln Tür und Telefon häufiger, als dem Meister lieb ist. Zwar heißt es, Klingeln gehört zum Handwerk, aber zuviel kann auch stören.

Meister ist Manfred Wittrien seit 1958. Glockengießer-, Graugußgießer und -former. Gelernt hat er als Graugießer in Erfurt bei den Gebrüdern Haller. Seit 1956 arbeitet er im väterlichen Betrieb, seit 1972 leitet er ihn.

Die in der Erden festgemauerte Form aus Lehm gebrannt, von der Schiller spricht, wird bei Manfred Wittrien kaum verwendet, sondern hauptsächlich der Sandhandformguß. Die Glockenspeise, bei Schiffsglocken ein Sondermessing, wird elektrisch auf eine Temperatur von tausendzweihundert Grad gebracht, ehe sie in die sorgfältig vorbereitete Form gegossen wird. Messing ist eine Mischung aus Kupfer und Zink. Die großen Kirchenglocken werden aus Bronze, einer Mischung aus Kupfer und Zinn, hergestellt. Selbstverständlich

gehören noch einige Zuschlagstoffe in die Speise wie Gewürze an die Suppe – aber die bleiben ein Geheimnis des jeweiligen Speisenzubereiters. Es kann in bestimmten Fällen auch eine Mischung zwischen Kupfer, Zinn und Zink, der sogenannte Rotguß, in Betracht gezogen werden. Im 13. Jahrhundert soll in Mühlhausen sogar Silber statt Zinn in einen Glockenguß geraten sein, weil ein Raubritter entwendetes Silbergeschirr beim Mühlhäuser Rat deponiert und für Zinn ausgegeben hatte. Der Ritter soll sich später mit dem besonders hellen Klang der Glocke entschädigt gefühlt haben.

Der gelungene Wohlklang ist das Gütezeichen des Glockengießers bei den Kirchenglocken. Bei den Schiffsglocken kommt es mehr auf Lautstärke und Reichweite an. Sie haben eher eine Signal- als eine Erbauungsaufgabe. Alle Nuancen des Klanges, Wohllaut wie Stärke, hängen ab von der Form der Glocke, ihrer Größe, der Reinheit ihres Gusses und der Substanz, aus der sie besteht. Um stets den gewünschten Effekt zu erreichen, bedarf es des Könnens, der Fertigkeiten und der Erfahrung des Glockengießermeisters.

Natürlich erhält jede Glocke noch ihren letzten Schliff, der auch ihren Klang beeinflußt. Durch Abdrehen kann man bis zu zwei Tönen verändern – jedoch nur in die Tiefe. Schiffsglocken sind genormt und müssen eine Lautstärke von mindestens 110 Dezibel erbringen. Meister Wittrien ist selbst abnahmeberechtigt für die Prüfung.

Die Erfurter Werkstatt führt auch Reparaturen an Glocken aus, vor allem an der Aufhängung, die im Verlauf der Jahrhunderte verschleißt. Die sind nicht so schwierig wie jene bei der Erfurter »Gloriosa«. Als er die Vieselbacher Kirchenglocke ausbesserte, hat Manfred Wittrien nebenbei die Turmuhr aus dem Jahre 1751 wieder in Gang gesetzt und auf elektrischen Betrieb umgestellt. Fehlende Zahnräder goß er sich selbst. Nun zeigt die seit 1934 stillstehende Uhr den Vieselbachern, was die Stunde geschlagen hat. Das Instandsetzen von Turmuhren ist ein weites Aufgabenfeld, dem Manfred Wittrien sich nicht verschließen will, obwohl es für ihn eine neue Herausforderung bedeutet. Vielleicht ist gerade das für ihn interessant.

Außerdem widmet sich Manfred Wittrien dem Guß von künstlerisch gestalteten Reliefs, die als Gedenk- und Grabtafeln dienen, sowie Tür- und Schrankbeschlägen besonderer Art. Sogar wichtige Gießarbeiten rein technischen Charakters wie Stromschienenstühle der U- und S-Bahn, die Stromabnehmer der O-Busse und Straßenbahnen und deren Signalglockenschalen oder für Schleifscheiben des VEB Schott, Jena, übernimmt er. Ebenso gehören Hörprüfglocken für Säuglinge zu seinem Programm. Selbst Sonderwünsche wie ein Glockenspiel für eine Operninszenierung an der Dresdener Staatsoper, das auf bestimmte Töne abgestimmt ist, werden nach Möglichkeit erfüllt.

Natürlich zeigt sich gerade bei solchen Aufgaben der Nutzen des reichen Fundus an Formen in der mehr als hundert Jahre alten Glockengießerei. Da der Sohn Manfred Wittriens an der Weiterführung des Betriebes Interesse hat, werden wohl auch im nächsten Jahrtausend noch die Matrosen ihren Tagesablauf von Wittrien-Glocken reguliert bekommen.

n Orgelfabrik Waldkirch Baden

Am Rande der Internationalen Gartenbauausstellung in Erfurt steht ein schmuckes, modernes Haus im Grünen, dessen Bewohner man auf den ersten Blick ohne weiteres als ins gärtnerische Umfeld gehörig einordnen könnte. Um so erstaunter ist man, wenn einen der Hausherr, Klaus Weiß, mit der Bemerkung empfängt, sein und seiner Frau Gewerbe sei bis heute ein bißchen geheimnisumwittert wie die Alchimistenküchen des ausgehenden Mittelalters. Die nach Adeptenart gehüteten Rezepte und Verfahren gehörten zum textilen Blaudruck, in dem seine Frau verbriefte Meisterin und er der mithelfende Ehemann sei.

Mir schien, diese nebulöse Wurzel des Gewerbes, die,. wie in solchen Fällen üblich, etwas Kellergeistiges hat, ist seine besondere Domäne: das Anrühren und Mischen von Mixturen und Farben, das Eintauchen in Bottiche …

Sigritt Weiß' Regionen sind mehr die lichten Oberstuben, wo sich der künstlerische Einfall mit handwerklicher Geschicklichkeit paart, ohne den dieses traditionsreiche Handwerk ebensowenig ausgeübt werden kann wie ohne probate Rezepturen. Das Haus im Grünen stellt sich bei näherem Hinsehen von oben bis unten als Werkstatt dar, in dem ein altes Gewerbe wiederaufgelebt ist und in dem Sigritt und Klaus Weiß zu Hause sind, im einen wie im anderen.

Die Kunst, Textilien mit Farben und Mustern zu schmücken, ist schon seit Jahrtausenden bekannt und wurde namentlich in China, Indien und dem alten Ägypten ausgebildet. Von Indien soll auch der Blaudruck und der ihm zugrunde lie-

gende blaue Farbstoff Indigo nach Europa gelangt sein, sei es auf dem Seewege oder über Anatolien auf dem Landwege. Fest steht, Indigo wurde in Frankreich, der Textilhochburg im ausgehenden Mittelalter, heimisch und verbreitete sich von dort über den europäischen Kontinent. Für Erfurt hatte dieser Vorgang damals ruinöse Folgen, wurde doch dadurch der Waidanbau und -handel verdrängt, dessen Zentrum diese Stadt bis dahin bildete. Als die Familie Weiß ihr Wohlgefallen an Blaudruckerzeugnissen entdeckte, war in Erfurt und Umgebung sowohl der handwerkliche Blaudruck mit Waid als auch der mit Indigo lange erloschen. Sigritt Weiß und ihr Mann mußten am Punkte Null beginnen. Sie stellten sich der Herausforderung, das alte Handwerk wiederaufleben, ihr Hobby zum Beruf werden zu lassen.

Dies auf autodidaktischem Weg zu bewältigen erforderte viel Kraft. Studien alter Literatur, Besuche in Museen, Auskünfte bei der Textilindustrie und vor allem langes, eigenes Laborieren waren nötig, bis der Weg von einer dekorativen Vorstellung über die Zeichnung, die Model, das Auftragen des Papps, das Färben, das Auswaschen des Papps, das Appretieren, Trocknen und Glätten des Stoffs gebahnt und gangbar war. Als sie dies geleistet hatte, konnte Sigritt Weiß in einem speziellen Verfahren in Zusammenarbeit mit dem Diplomtextilgestalter Gerhold Peter, Mitglied des Verbandes der Bildenden Künstler, den Meistertitel erlangen und wurde als Kunsthandwerker anerkannt. Von ihrem Mentor spricht Sigritt Weiß mit großem Respekt, weil sie ihm nicht nur im Handwerklich-Technischen, sondern auch im Künstlerischen viel Anregung und Kritik verdankt.

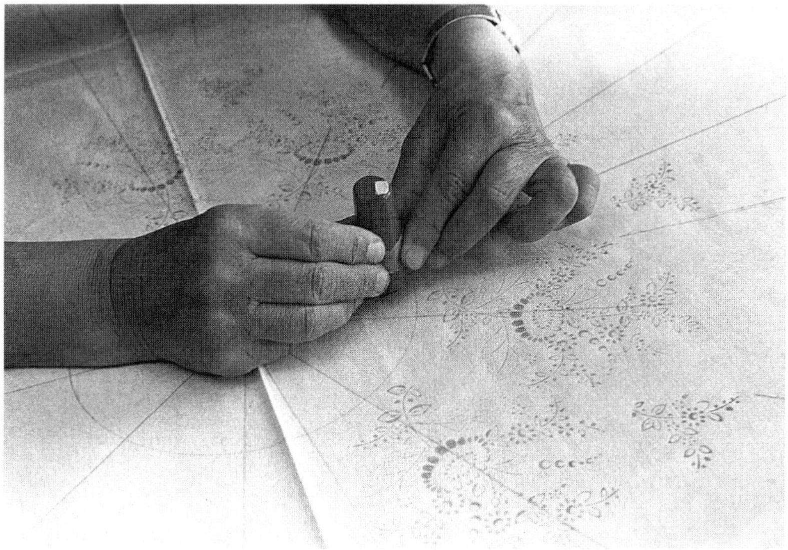

Das Künstlerische steht am Anfang des Blaudrucks für die Meisterin. Ihr Anliegen ist es, in ihren Dekorationen Wert- und Geschmacksvorstellungen unserer Zeit sichtbar zu machen. Deshalb entwirft sie die Muster und fertigt die Zeichnungen für die Modeln selbst. Natürlich kann eine solche Arbeit die etwa dreihundertjährige Tradition des Blaudrucks im deutschen Bereich nicht ignorieren, ebensowenig wie die technischen Voraussetzungen und die zeitgemäßen Ansprüche. In diesem Dreieck der Bedingungen kristallisiert Sigritt Weiß eigenständige Stilvorstellungen aus. Mir scheint, daß da die Nähe des Floristischen mitschwingt. Das blumige, pflanzliche Ornament dominiert in ihren Entwürfen, wird aber außerordentlich fein stilisiert und mannigfaltig variiert.

Was mit künstlerischer Einbildungskraft entwickelt, verworfen, korrigiert, schließlich festgehalten wird, ist der erste »geheimnisumwitterte« Bezirk dieses Gewerbes. Aus ihm geht die präzise Zeichnung eines Ornaments hervor, das auf einem Model fixiert wird. Dem Bereich thematischer Aussagen, die in der Tradition des Blaudrucks ebenso vorkommen, sei es in sagenhaften, sprichwörtlichen, sinnbildlichen oder biblischen Motiven, hat sich Sigritt Weiß bisher nicht genähert. Noch nicht!

Die Entwürfe setzt der Formstecher Hans-Joachim Frindte aus Mühlhausen in Model um, die Druckfläche ist überwiegend in Messing ausgeformt, aber auch in das Birnenholz unmittelbar zu schneiden ist möglich. Die Model müssen gut in der Hand liegen und mit Feingefühl auf das Linon, das meist für den Blaudruck verwendet wird, aufgesetzt werden können. Der geistige Reichtum einer Blaudruckerwerkstatt spiegelt sich in ihren Druckstöcken, die man unterschiedlich kombinieren kann. Sie werden mit der Hand auf den Stoff gesetzt, wobei kleine Kniffe dem Augenmaß und Handgewicht entgegenkommen.

Was auf den Stoff gedruckt wird, ist die sogenannte Reserve, von den Blaudruk-

kern meist »Papp« genannt. Über die genaue Zusammensetzung dieser grünlich schimmernden Stempelfarbe wird man wohl nirgends eine definitive Auskunft erhalten. Bleinitrat sei drin und Zinksulfat. Wasser selbstverständlich, nicht zu viel und nicht zu wenig. Alles andere bleibt im Dunst der Alchimistenküche. »Die Zubereitung erfolgt nach jahrhundertealten Geheimrezepten«, heißt es selbst in einem Fachbuch über ungarische Blaudruckerwerkstätten lapidar.

Die so bedruckten Stoffe gelangen dann in den »Küpenkeller«, wo die Färbebottiche bereitstehen, in denen Indigo, Kalk und Eisensulfat in genauen Abstimmungen in Wasser gelöst werden. Wenn die Mischung nicht stimmt, zeigt sich keine Reaktion. Nach jeder Färbung sind dem Bad die entzogenen Substanzen wieder zuzuführen. Diese zweieinhalb Meter in den Kellerboden versenkten Bottiche oder Küpen enthalten also eine weitere Geheimtinktur, diesmal mit gelber Tönung, die erst ins Blau umschlägt, wenn der Stoff ans Licht gezogen wird und einem Oxydationsvorgang unterliegt. Sinnreich konstruierte Vorrichtungen und angeordnete Arbeitsgänge gewährleisten, daß die blaue Farbe den Stoff gleichmäßig tränkt. Je länger und öfter er dem Bad ausgesetzt wird, desto kräftiger strahlt das Blau. Nach dem Färben wäscht man die mit den Modeln aufgetragene »Reserve« mittels einer verdünnten Schwefelsäure aus, und das Muster hebt sich weiß auf dem blauen Grund ab. Die »Reserve« hat die damit bedruckten Stoffpartien davor bewahrt, gleichfalls blau gefärbt zu werden. Nach dem Waschen, Appretieren, Mangeln und Bügeln kann der Stoff schließlich seinen Weg ins Leben antreten, sei es nun als Serviette, Tischdecke, Kleiderstoff, Vorhangstoff, Wandbehang oder Bettwäsche. Familie Weiß will Gebrauchsstoffe in geschmackvoller Prägung und ausgezeichneter Qualität in den Alltag einbringen. Ob dieser Wille ein so kunstvolles seltenes Handwerk zu etwas Alltäglichem werden läßt? Es überhaupt neu belebt und alte Fähigkeiten und Fertigkeiten wiedergefunden zu haben, ist allein schon sehr verdienstvoll.

Schon zwischen dem 13. und 16. Jahrhundert, als das Indigo die heimische Waidfärberei noch nicht verdrängt hatte, entwickelte sich das Bedrucken mittels hölzerner Druckstöcke, den Modeln. Diese fertigten die Formstecher, früher auch Formenschneider genannt, weil sie die Model unmittelbar in ebene Holzplatten schnitten. Die druckenden Teile blieben stehen, die nichtdruckenden wurden herausgeschnitten. Heute werden die druckenden Teile mittels Messingblech und Messingdraht auf die Fläche aufgetragen. Das ermöglicht detailliertere und feinere Zeichnungen und hat auch größere Haltbarkeit.

Hans-Joachim Frindte hält Johannes Gutenberg für einen der frühesten Repräsentanten seiner Zunft. In Europa mag das zutreffen. Aber der Holzschnitt und seine Verwendung als Druckstock für Textilien sollen bereits im Alten Orient und auch in Ostasien bekannt gewesen sein. Wie dem auch sei – sicher ist, daß sich Mühlhausen seit der Gutenbergzeit infolge des Zeugdrucks zu einer Hochburg der Formstecherei entwickelte. Doch während der Blaudruck in diesem Raum zeitweilig erlag, überdauerte die Formstecherei, weil sie beim Druck der Leimtapeten ein neues Aufgabengebiet fand. Im Mühlhausener Stadtmuseum wird nicht nur der Sternstunden der Stadtgeschichte gedacht, die an Namen wie Thomas Müntzer, an den »Ewigen Rat« im Bauernkrieg oder an Johann Sebastian Bach geknüpft sind, sondern der Besucher erfährt zugleich von dem Anteil, den das Handwerk im Laufe der Jahrhunderte zur Blüte der Stadt beigetragen hat.

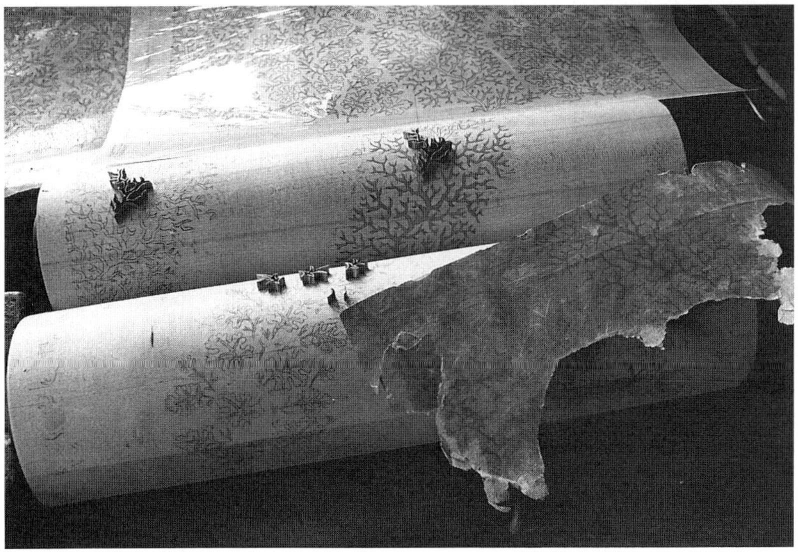

In Mühlhausen bestehen heute noch zwei Formstecherbetriebe, einer davon ist die Werkstatt des Formstechermeisters Hans-Joachim Frindte. Er fertigt neben den Tapetenwalzen wieder Model für den Blaudruck. Außer den beiden Mühlhausener Betrieben gibt es einen weiteren in Berlin und einen in Pulsnitz, von denen einer Walzen, der andere Model bearbeitet. Hans-Joachim Frindte ist der Formstecher, der auf beiden Gebieten tätig ist.

Am Anfang steht in jedem Fall ein Entwurf, der heute meist vom Kunden kommt. Nach dieser Vorlage wird eine spiegelbildliche Wiedergabe auf dem sogenannten Kritzpapier angefertigt, das gegenüber der Vorlage um 2,3 bis 3,6 Zentimeter verkleinert wird, »eingezogen«, wie die Formstecher sagen. Das ist nötig, um die Höhe der Messingstifte auszugleichen – fünf bis sechs Millimeter –, die nach Maßgabe des Kritzpapiers das Muster des Entwurfs Punkt für Punkt von der Fläche abnehmen und auf der Walze figurieren lassen, die mittels einer räumlichen Rotation das Muster adäquat auf einer anderen Fläche in Erscheinung treten läßt. Ohne diesen Einzug würde die Abbildung zu groß und ein Kreisgebilde zum Ei. Das Maß des Einzuges hat Hans-Joachim Frindte noch als Erfahrungswert kennengelernt, inzwischen hat er es gemeinsam mit seinem Sohn, der in Weimar an der Hochschule für Architektur und Bauwesen studiert, sich aber auch für Formstecherei interessiert, berechnet.

Sollen Tapetenwalzen entstehen, werden auf dem Kritzpapier bereits die unterschiedlichen Farben markiert, denn für jede Farbe ist eine besondere Walze anzufertigen. Vom Kritzpapier überträgt man die Muster auf die Rohwalze aus Ahorn, bildet mit der Hand die zeichnerischen Formen mit Messingblech und Messingdraht – bei größeren druckenden Flächen ausgefüllt mit schellackgetränktem Filz – und bringt sie auf die Walze. Dabei bilden Zangen, Scheren, Vorschläge und verschiedenartige Hämmer aus Holz und Metall die Hauptwerkzeuge. Bei der Vor- und Nacharbeit kommen selbstverständlich Drehbänke, Fräsmaschinen für Blech und Draht, eine Plättmaschine, um die jeweils gewünschte Stärke des Blechs zu erreichen, eine Schleifmaschine und eine Ziehbank mit den zugehörigen Figureneisen, die Raritäten sind, zum Einsatz. Auch Holzbearbeitungsmaschinen wie Bandsäge und Abrichte stehen zur Verfügung.

Wenn die Walzen gestochen sind, werden sie auf der Schleifbank plangeschliffen. Dabei muß darauf geachtet werden, daß der Umfang des Entwurfes möglichst genau erreicht wird. Andererseits dürfen die druckenden Elemente nicht zu flach geraten. Fünf Millimeter sind die untere Toleranzgrenze. Wenn das Muster etwas höher steht, sind die Walzen länger zu verwenden. Normalerweise kann ein Betrieb mit einem Walzensatz sechzig- bis achzigtausend Rollen Tapete drucken.

Im Jahre 1986 ergab sich für Hans-Joachim Frindte eine völlig neue Aufgabe, die ihm viel Spaß gemacht hat: Für die Rekonstruktion des Schillerhauses in Weimar sollte die Tapete absolut originalgetreu nachgestaltet werden. Gemeinsam mit den Restauratoren hat er die Aufgabe inzwischen gelöst. Er vermutet, die Arbeit könnte Schule machen und künftig neue Herausforderungen bringen. Ich denke, er wird sich dem nicht verschließen, obwohl seine besondere Vorliebe den Modeln gilt.

Die Figuren der Model seien vielfältiger und filigraner und künstlerisch anspruchsvoller, meint er. Für die Model verwendet er Kirsch- oder Birnenholz. Die Flächenmodel werden dreischichtig verleimt hergestellt, mit einer breiteren Obstholzfläche zur Druckseite, einer schmaleren zur Griffseite und beide verbunden durch eine Mittelschicht aus Weichholz, meist aus Fichte. Der Griff muß leicht und sicher faßlich sein. Die Druckfläche sollte möglichst dicht an den Rand heranreichen, damit das Auge beim Druckvorgang den Anschluß kontrollieren kann. Nur bei absolut plangeschliffenen Modeln ist ein einwandfreier Druck gewährleistet. Die vollendete Kunst des Formstechers ist die Voraussetzung für die Kunstentfaltung des Blaudruckes. Für ein Model braucht Hans-Joachim Frindte einen Tag bis drei Wochen, für einen Walzensatz vier bis acht Wochen.

Bisweilen helfen seine Frau und sein ältester Sohn in der Werkstatt hinterm Hause mit. Auch das schulpflichtige Zwillingspärchen zeigt Interesse am seltenen Handwerk der Formstecherei, so daß Hoffnung auf den Weiterbestand dieses Betriebes besteht, den der Vater 1950 begründete und bis 1961 innehatte, und den seitdem Hans-Joachim Frindte weiterführt.

Von 1955 bis 1958 hat er beim Vater gelernt, 1964 legte er bei den Suhler Graveuren die Meisterprüfung ab, denen die Formstecher damals angeschlossen waren. Heute gehören sie zur Einkaufs- und Liefergenossenschaft »Metall«, deren stellvertretender Vorsitzender der alteingesessene Mühlhausener Formstechermeister ist, der ebenfalls der Kulturgenossenschaft des Handwerks stellvertretend vorsitzt. Hans-Joachim Frindte lebt in stadt- und staatsbürgerlicher Verbundenheit und Verantwortung, aber seine schöpferische Kraft widmet er dem seltenen Handwerk.

Seit den Anfangsgründen menschlichen Daseins auf Erden ist der Stock als Stütze und Waffe im Schwange. Schon der sagenhaften ägyptischen Sphinx wird die Frage in den Mund gelegt, wer das Wesen sei, das am Morgen auf vier, am Mittag auf zwei und am Abend auf drei Beinen gehe. Viele Passanten standen ratlos vor dem Problem und waren des Todes. Es bedurfte erst eines Helden von immenser Körper- und Geisteskraft wie Herakles, die Ratenuß zu knacken und eben jenes dritte Bein im Stock zu erkennen, auf den sich der alte Mensch stützt. Der Stock ist also ein Requisit, das die Menschheit von Anfang bis heute in ihrem geschichtlichen Gang begleitet. Und bei den Stockmachern in Lindewerra ist man sicher, daß dies auch künftig so bleiben wird. Bis in die sagenhafte ägyptische Vorgeschichte reicht ihre handwerkliche Tradition natürlich nicht zurück.

Gewiß mögen in diesem bergigen Bereich des Eichsfeldes, durch den sich die Werra windet, schon damals Eichen und Kastanien gewachsen sein. Doch niemand achtete darauf. Erst dem Stockmacher Wagner aus dem Göttingischen fiel auf, daß hier ein natürliches Dorado für seine Zunft zu finden war, weshalb er sich um 1830 in Lindewerra niederließ. Die Wagnersche Familie existiert nicht mehr in dem Ort, aber ihre handwerkliche Kunst und Fertigkeit hat feste Wurzeln geschlagen und gibt ihm das Gepräge. Die derzeitigen Stockmacher haben das anläßlich des 150jährigen Bestehens der Lindewerraer Stockmacherei in einer Ausstellung im Gemeinderat dargestellt und gewürdigt. Hinter der Hand mag freilich mancher gemunkelt haben, der Ludwig Wagner, der ein fideler Geselle gewesen sein soll, habe aus irgendeinem Grunde nicht in seine Heimat zurückkehren können. Doch wie dem auch sei, er hat sein Handwerk in den Ort gebracht, und von seinem Humor scheint mehr als ein Anflug zurückgeblieben zu sein.

Als ich am Ortseingang anhielt und eine Frau fragte, wo der Stockmacher Geyer wohnt, antwortete sie: »Geyer gibt es hier viele, und Stockmacher sind fast alle.« Ja, in bestimmten Familien wird die Stockmacherei von Generation zu Generation weitergeführt, bei den Bühlers, den Sippels und wie sie alle heißen und ebenso bei den Geyers, die derzeit mit Wolfgang Geyer den Obermeister stellen. Er verkörpert bereits die vierte Generation des familiären Stockmacherhandwerks. Sein Vater arbeitet noch mit, und sein Sohn will nach Beendigung der Schule die Lehre des Stockmachers beginnen.

Man kann diesen Beruf nur in Lindewerra erlernen. Und es sind immer wieder nur Lindewerraer, die ihn ausüben: Söhne, Schwiegersöhne. Wo das nicht funktioniert, stirbt der Betrieb aus. Auf keinen Fall erlöschen Betriebe wegen Auftragsmangels. Im Gegenteil, man würde gern den einen oder anderen Mitarbeiter zusätzlich nehmen, wenn man ihn bekäme. Die Aufträge und das Material werden vom Obermeister über die Einkaufs- und Liefergenossenschaft des holzverarbeitenden Handwerks an die einzelnen Betriebe – es sind derzeit zehn mit siebzehn Beschäftigten – dirigiert, und der Versand der Waren erfolgt ebenfalls wieder über die ELG.

Die Organisation der Arbeit und die Repräsentation der Berufsgruppe erfordert vom Obermeister ein großes Engagement für ein geringes Entgelt. Wolfgang Geyer erbringt es gern. Er ist wie alle tief im Beruf verwurzelt, aber auch in der Lebensform, auf der er beruht. Die handwerklichen Stockmacher bestellen nach wie vor ihr Stück Land, ihren Garten, schlachten ihr Schwein. Während meiner Odyssee durch die Welt des seltenen Handwerks

erlebte ich in Lindewerra das erste und einzige Mal, daß während eines Gesprächs ein Hahn auf dem Hofe krähte. Einst war das bäuerliche Hauswesen nötig, um den Unterhalt der Familie zu gewährleisten. Jetzt ist es der Stolz und Ehrgeiz der Heimischen, mit Eichsfelder Wurst nach eigenen Rezepturen aufwarten zu können. Die Lebensart hat etwas für sich. Wolfgang Geyers Frau arbeitet in der Landwirtschaftlichen Produktionsgenossenschaft, obwohl sie aus Berlin stammt! Bemerkenswerte Verschränkung der Lebensweisen. Mir scheint, eine anregende.

Die Geyersche Werkstatt befindet sich im Parterre ihres Hauses. Wolfgang Geyer stellt vor allem Wanderstöcke her. Heute fertigt man Wanderstöcke überwiegend aus sogenannten Kastanienschüssen. Das sind Triebe aus dem Wurzelstock der Edelkastanie, die in bestimmten Gebieten Jugoslawiens oder Spaniens gezogen und von dort importiert werden, auf Länge geschnitten, geschält und gebündelt. Aus diesem Rohmaterial entstehen in etwa dreißig Arbeitsgängen die Spazierstöcke. Zuerst reibt man die Stöcke in einer Lauge ab. Dafür benutzt Wolfgang Geyer eine rotierende faßartige Trommel, die den Arbeitsgang wesentlich effektiver bewältigen hilft. Danach werden die Stöcke bei hundert Grad Celsius gedämpft und auf Form gebogen. Für den sehr kraftaufwendigen Vorgang hat Wolfgang Geyer gleichfalls einen erleichternden Biegemechanismus entwickelt. In anderen Betrieben wird diese schwere Arbeit noch per Hand erledigt. Anschließend ist es notwendig, den Stock abermals zu dämpfen, damit die Form des Hakens, wie der Griff des Wanderstocks heißt, Haltbarkeit gewinnt. Außerdem wird der Stock gerichtet. Dafür gibt es in allen Werkstätten besondere Vorrichtungen, doch die sind nur Hilfsmittel. Entscheidend sind das Formgefühl der Hand, ein präzises Augenmaß und eine große Erfahrung im Umgang mit den Hölzern. Nach diesen Form- und Richteprozessen muß der Stock endgültig im Ofen trocknen, früher in reisigbeheizten Dorfbacköfen, heute werden elektrische Öfen verwendet. Die getrockneten Stöcke kühlen mit den Öfen aus. Danach wird die Oberfläche der Stöcke bearbeitet, entastet, geglättet, wo es nottut, gekittet, die Form zum Spitzenansatz angefräst, die Eisenspitze angesetzt, der Haken auf die richtige Länge gesägt und die Kuppe mit dem Schnitzmesser abgerundet. Damit nicht genug, folgt nun die Schönheitskur: beizen, eventuell flammen und mehrfach lackieren.

Dekorative oder funktionelle Sonderwünsche können erfüllt werden, soweit das Material und die Kunst des Handwerkers das gestatten. Es ist schon mal ein Jagdsitzstock mit Trinkgefäß und Zielauflage hergestellt worden.

Für die Krankenstöcke verwendet man Buchenschnittholz. Das Brettholz wird zu sogenannten Kanteln weiterverarbeitet, das sind Kanthölzer, die auf besonderen Fräsmaschinen die Form zylindrischer Stäbe erhalten. Diese Stäbe werden gedämpft und gerichtet, dann mit einem Klapphobel an einer Drehbank konisch gehobelt, wozu nicht nur Kraft, sondern gleichermaßen Fingerspitzengefühl und Erfahrung gefragt sind. Es folgt das Schleifen. Als nächstes wird der Zapfen für den Griff angefräst und der vorgefertigte Griff angeleimt. Als Griffe kommen sogenannte Derbygriffe oder Fritzgriffe, die

sich vom Krückstock Friedrichs II. von Preußen herleiten, in Betracht. Selbst in der Geschichte des Stockes hat der Preußenkönig seine Spuren hinterlassen! Nach diesem Arbeitsgang werden Stock und Griff verschliffen, die Oberfläche des Stockes wie die des Wanderstockes bearbeitet, gebeizt, gegebenenfalls geflammt, grundiert, geschliffen, lackiert.

Außer Kastanie und Buche können Esche, Eiche oder Weichsel für Stöcke interessant sein. Früher waren Eichen- und Weichselstöcke sehr beliebt, und in der Ausstellung wie in den einzelnen Betrieben kann man noch schöne Exemplare bewundern. Nach 1945 wurden Skistöcke in großem Umfang hergestellt, wozu vorwiegend Bambus und Tongking-Rohr Verwendung fanden. Als das Leichtmetall und die Glasfiber das Rohr verdrängten, nahm ein Lindewerraer Betrieb die Produktion von orthopädischen Artikeln auf: Achselkrücken, Gehbänke und Klosettstühle. Er half damit einen dringenden Bedarf zu befriedigen. Die anderen Betriebe kehrten zur angestammten Wander- und Krankenstockherstellung, die ja immer im Spiele war, zurück. Heute werden jährlich etwa einhundertachtzigtausend Wanderstöcke und achtzigtausend Krankenstöcke gefertigt, die nicht nur in der Deutschen Demokratischen Republik, sondern auch in der Bundesrepublik Deutschland, in der Schweiz, in Dänemark, Schweden, Belgien, Irland und England sehr begehrt sind. Das Wandern ist eben nicht nur des Müllers Lust, es ist eine Sehnsucht von Millionen, durch Wälder, Auen und über Berge, entlang an Flüssen, Seen zu gehen. Wolfgang Geyer fühlt sich mit seiner Familie der Gemeinde der Wanderer ebenfalls zugehörig, natürlich mit zünftigen Stöcken ausgerüstet, fachmännisch ausgewählten, ausgezeichneten Exemplaren selbstverständlich.

Ob das Gebiet um das Kloster zu Lausnitz schon 1137, als Papst Innocenz II. es unter seinen Schutz stellte, Holzland geheißen hat, weiß ich nicht. Waldreich war es jedenfalls seit eh und je, auch wildreich. Deshalb wollten die Altenburger Herzöge, denen das Territorium später zufiel, nicht für bäuerliche Zwecke roden lassen. Um herrschaftlicher Lüste willen mußten sich die Bewohner dieses Landstriches, die sich in acht Dörfern niedergelassen hatten, neben den kümmerlichen Erträgen ihrer schmalen Äcker an die Schätze des Waldes halten, um ihr Dasein zu fristen. Das bildete den Ausgangspunkt für ein holzverarbeitendes Handwerk, das in dieser Konzentration und Ausprägung an keinem anderen Ort in deutschen Landen entstand.

Schirrmacher nannte man die Waldbewohner, die damit begannen, den Reichtum der Wälder, das Holz, für die Herstellung von Karren und Kummeten zu verwenden. Auch als sie dann Leitern, Rechen, Raufen, Schindeln, Pfähle, Pfosten, Stiele, Stangen, Stützen, Kisten und Kästen und dergleichen hölzerne Gegenstände mehr anfertigten, blieben sie die holzländischen Schirrmacher. Und da soviel Hölzernes im Holzland gar nicht gebraucht wurde, machten sich Fuhrleute auf, es im Raum zwischen Donau und Rhein, Haff und Meer umzuschlagen. Die Fuhrmannschaft mit ihren Schnitzkitteln und ihren breitkrempigen Hüten begründete den guten Ruf der holzländischen Handwerker. Den Fuhrmann, der ihre Leitern oder Raufen in Hamburg oder Danzig verkauft, finden wir, seitdem Ende des 19. Jahrhunderts die Bahnstation Hermsdorf-Klosterlausnitz öffnete, nicht mehr. Manches Holzprodukt wird nicht mehr benötigt, anderes industriell produziert. Der handwerkliche Leiterbau aber floriert wieder, dank der ökonomischen Voraussetzungen, die durch eine Initiative der Arbeitsgruppe Handwerk und Gewerbe beim Kreisausschuß der Nationalen Front und des Kreissekretariats der National-Demokratischen Partei Deutschlands geschaffen wurden. So konnte ich mir bei Gerhard Dämmrich in Klosterlausnitz ansehen, wie Sprossenleitern hergestellt werden, und bei Helmut Franke, wie Stufenleitern entstehen. Die Betriebe der Einkaufs- und Liefergenossenschaft der Leitermacher in Klosterlausnitz haben sich spezialisiert und ihre Arbeit mechanisiert und rationalisiert, soweit das möglich war.

Leitern werden gebraucht, in Industrie und Landwirtschaft, in Handel und Gewerbe, in Haus und Hof. Allein die Nennung der im Holzland hergestellten Sorten von Leitern deutet die Vielgestaltigkeit dieses aufwärts- und naturgemäß auch wieder abwärts führenden Gerätes an: Da werden Gerüstleitern, Putzgerüstleitern, Bau- und Maurerleitern, Industrie- und Sprossenleitern, Obstleitern, Gartenstehleitern, Grubenfahrten (Schachtleitern für Bergwerke), Telegraphenleitern, Schrotleitern, Dachdeckerleitern, Schlachteleitern, DIN-RAL-Geschäftsleitern, Haushaltsleitern, Stufenanlageleitern, Maler- und Montageleitern, Sprossenanlegeleitern, Fensterputzleitern, Schiebeleitern bestellt und geliefert, von den anderen Holzprodukten einmal abgesehen. Dies ist nicht der Ort, die vielfältigen zweckbedingten Besonderheiten darzustellen. Der Grundprozeß des Sprossen- und Stufenleiterbaues soll jedoch in groben Zügen angedeutet werden.

Der Sprossenleitermacher beginnt heute wie vor dreihundert Jahren mit der Auswahl des Leiterbaumes, der geradrissig sein muß und nicht windschief.

Danach werden die Bäume auf Länge geschnitten, geschält und getrennt. Getrennt wurde früher mit der Hand unter Benutzung einer besonders konstruierten Säge. Heute bedient man sich einer mechanischen Säge, wobei Gerhard Dämmrich auf spezielle Halte- und Transportmechanismen Wert legt. Das gleiche ist beim Bohren der Sprossenlöcher der Fall. Das geschieht jetzt ebenfalls maschinell, mit einem Löffelbohrer, während es einst mit einem sogenannten Brustbohrer erfolgte. Sowohl beim Trennen als auch beim Bohren der Löcher ist große Genauigkeit erforderlich, soll eine gerade, feste und dennoch elastische Leiter entstehen. Da bringt jeder Leitermacher seine Erfahrungen und seine Findigkeit ein.

In einem zweiten Arbeitsgang werden die Sprossen vorbereitet. Traditionell wurden sie ausgehackt und mit dem Schnitzmesser bearbeitet, heute geschieht das mit einer Fräs- beziehungsweise Schälmaschine. Aber in jedem Fall kommt es darauf an, eine feste Verankerung der Sprossen in den Leiterbäumen zu erreichen. Auch da haben die Leitermacher ihre Erfahrungen und ihre kleinen Tricks. In der »Bucht« werden die Leitern zusammengeklopft. Danach schneidet man die Sprossenenden ab und glättet die Holme endgültig.

Beim Leiterbau können folgende Hölzer Verwendung finden: Für Treppenleitern nimmt man Fichte, Kiefer und Lärche. Für Rohholzleitern, also Anlege-, Obst- und Gerüstleitern sowie Grubenfahrten, sind die Holme nur aus Fichte herzustellen. Als Sprossen und Schwingenmaterial kommen Fichte, Eiche und Esche zum Einsatz. Anlegeleitern werden bis zu einer Größe von zehn Metern, Gerüstleitern bis zu einer Größe von 10,65 Metern, Treppenleitern zwischen siebzig Zentimeter und vier Metern angefertigt. Die Treppenleitern, die Helmut Franke herstellt, sind ganz aus Brettholz, wobei möglichst astfreies Material zu wählen ist. Hier ist eine weitergehende rationelle maschinelle Bearbeitung möglich. Insgesamt hat die Klosterlausnitzer Einkaufs- und Liefergenossenschaft fünfundzwanzig Mitgliedsbetriebe. Der größte hat acht Mitarbeiter, die kleinsten, wie der von Gerhard Dämmrich, sind Familienbetriebe. Sie tendieren eher dahin, ihre Produktion durch rationelle Einfälle ergiebiger zu machen als sich personell zu erweitern. Dadurch behalten die Werkstätten Flexibilität und die Fähigkeit, sich rasch an spezielle Bedürfnisse anzupassen, wenn sie auch den großen Bedarf bei weitem nicht decken können. Gesichert ist auf alle Fälle, daß ein traditioneller Handwerkszweig, der sich im Holzland aus landschaftlichen, mehr noch aus geschichtlichen Gründen besonders ausgeprägt hat, in seiner Eigenart bewahrt und zu neuer Blüte geführt worden ist.

Neben den Schirrmachern haben sich durch die Jahrhunderte die Muldenhauer als besonderer Handwerkszweig im Holzland behauptet. Dabei hatten sie nie einen zünftigen Status. Der Muldenhauer war nie ein Ausbildungsberuf, er konnte also nie einen Meistertitel verbrieft bekommen. Und doch ist es ein Handwerk, das über Jahrhunderte hinweg spezielle Fähigkeiten und Fertigkeiten entwickelt und als Erfahrungsschatz bewahrt hat, weitergegeben vom Vater auf den Sohn, vom Kundigen auf den Willigen, der den Fleischern, Bäkkern, vor allem den Bauern die hölzernen Mulden, Tröge, Schaufeln, Löffel, Schemel anfertigen konnte, die sie für vielfältige Zwecke in ihrer Wirtschaft benötigten.

Diese Gerätschaften sind zugeschnitten gewesen auf eine bäuerliche und handwerkliche Einzelwirtschaft. Die Muldenhauer betrieben oft nebenbei selbst eine kleine Landwirtschaft, schon um in unsicheren Zeiten nicht am Hungertuche nagen zu müssen.

Erich Dämmrich, der heute als letzter das Handwerk des Muldenhauers in Klosterlausnitz perfekt ausüben kann, hat noch seine Kartoffeln und sein Hausschlachtenes im Keller – auch wenn er sein geschlachtetes Schwein nicht mehr selbst füttert, sondern alljährlich kauft. Er hat den Betrieb und das Anwesen in der Bergstraße von seinem Vater übernommen. Die Werkstatt existiert seit 1887. In jener Zeit wurden die Erzeugnisse der Muldenhauer von ambulanten Händlern bis in die Gegend von Erfurt und Bitterfeld vertrieben. Zwischen den einzelnen Handwerkern herrschte ein erbitterter Konkurrenzkampf, der die Preise drückte und manchen zwang, unter den Herstellungskosten zu verkaufen. Konkurrenzdenken zeigte sich ebenso beim Holzeinkauf, bei dem die Pappelstämme – eventuell sind auch Weide oder Linde geeignet – versteigert wurden. Erich Dämmrich hat diese Mentalität selbst kennengelernt. Im Jahre 1950 arbeiteten noch neun Muldenhauer in Klosterlausnitz. Das beste Holz für ihre Zwecke gab es bei Profen und Reuthen. Dort schlugen sie es ein und verfrachteten es gemeinsam per Bahn nach Klosterlausnitz, wo die Aufteilung, selbst wenn sie durch das Los erfolgte, häufig zu Streitigkeiten führte, die allerdings bis zur nächsten gemeinsamen Rodung meist vergessen waren.

Der Muldenhauer mußte seine Hölzer stets bar kaufen, erhielt den Ertrag für seine Erzeugnisse jedoch oft in Raten. Reichtümer waren mit diesem Handwerk nie zu erwerben, meint Erich Dämmrich, bis heute nicht.

Trotzdem hängt er an seinem Beruf, wünscht, daß auch sein Sohn ihn ausübt. Der ist Tischlermeister und teilt mit dem Vater die Werkstatt. Erich Dämmrich möchte ihm die Kunst des Muldenhauens vermitteln, damit sie bestehen bleibt.

Eine Kunst ist es tatsächlich, mit Augenmaß und Handgefühl ein Holzgefäß von beliebiger Größe mit der Axt aus einem Baumstamm herauszuschlagen. Jetzt sucht sich Erich Dämmrich seine Stämme im Sägewerk aus und bekommt seine Rollen auf die gewünschte Länge zugeschnitten. Das Aufspalten aber erfolgt nach wie vor im Hof seines Anwesens, ebenso das Abrichten – die äußere Formgebung – und das Aushacken. Dabei wird das innere Stück mit Keilen als Ganzes herausgehoben und zu weiteren, kleineren Mulden verarbeitet. Wenn die Mulde mit der Axt roh zugehauen ist, beginnt die Feinarbeit mit Texel und Schabe. Dann wird die Mulde »abgeköpft«, das heißt, die Rundungen an den Stirnseiten werden ausgearbeitet. Zuletzt putzt er die Mulde.

Die wichtigste Fertigkeit, die ein Muldenhauer ausbilden muß, ist die Treffgenauigkeit für seine Axthiebe. Dazu braucht er Augenmaß und Fingerspitzengefühl. Die Wandstärke ist Gefühlssache. Bisher sind im Muldenhauerhandwerk alle Mechanisierungsversuche gescheitert. Sie führten zu geringerer Qualität und Effektivität. Axt, Beil, Texel, Schabemesser und Schnitzmesser und des Muldenhauers Fertigkeit und Erfahrung garantieren ein hölzernes Gefäßsystem, das trotz seiner Qualitäten fast nur noch nostalgischen Wert repräsentiert. Die Holzgefäße oxydieren nicht und halten die Wärme besser. Aber sie sind eben nicht über Baumstärke hinaus zu vergrößern. Bei den Mengen an Brot und Wurst, die heute benötigt werden ... Doch sollte sich nicht eines Tages in einer weiterentwickelten Datschenkultur neben Windlichtern und Holzpantinen auch die Holzmulde wieder als nützlich und schön erweisen? Zur 850-Jahr-Feier von Klosterlausnitz hat Erich Dämmrich alle Register seines Könnens gezogen und ein volles Sortiment des Muldenhauerhandwerks hergestellt. Noch kann er seine Werkzeuge schärfen. Auf die Frage, woher man solches Werkzeug wie die Texel und Schaben bekommt, antwortet er: »Die macht der Klosterlausnitzer Schmied. Aber nur der alte.« Ich wünschte mir, daß es neben dem alten Texelmacher und neben dem alten Muldenhauer je einen jungen gäbe.

Die Neustädter Seifensiederei Wilhelm ist ein zünftiger Handwerksbetrieb in einem Gewerbe, das heute überwiegend mit industriellen Verfahren ausgeübt wird. Es ist der letzte Familienbetrieb, der Kern- und Schmierseife herstellt. Als ich den Büroraum im Vorderhaus an der Hauptstraße betrat – ich sollte wohl besser von Kontor sprechen, denn Raum und Möbel muteten nach der Kontorzeit an –, zog eine reich und bunt gezierte Innungsfahne aus dem Jahre 1729 meinen Blick auf sich. »Die Seife braucht man zur lieben Reinigkeit und Lichter leuchten uns bei jeder dunklen Zeit«, lautet ihr aufgemaltes Motto.

In der von Fritz Wilhelm gleichfalls in seinem Kontor aufbewahrten und hoch in Ehren gehaltenen Bundeslade der Seifensieder im Herzogtum Weimar – woher auch die Fahne kommt – aus dem Jahre 1685 verbargen sich nicht nur Geheimnisse der Seifenherstellung und Forderungen an die handwerkliche Fertigkeit der Seifensieder. Weit mehr war von Geschäftspraktiken und Moralforderungen die Rede, denen die Innungsmitglieder zu entsprechen hatten. Nachzulesen in der Zunftordnung aus dem Jahre 1742, unterzeichnet von Herzog Ernst August von Sachsen-Weimar-Eisenach. Da war zum Beispiel der Nachweis zu erbringen, daß ein Zunftmitglied im Ehebett gezeugt wurde. Unsere Vorfahren wollten es genau wissen, und sie wußten es genau: Gottlieb Adam Wilhelm wurde das im Jahre 1782 von keinem Geringeren als Johann Gottfried Herder in Weimar kirchenamtlich attestiert. Das geht aus einer der vielen Urkunden hervor, die Fritz Wilhelm über die Geschichte seines Betriebes und seines Handwerks gesammelt hat.

Ich besuchte ihn zu einem historischen Zeitpunkt, wie er mir sagte, nachdenklich, nicht ohne Wehmut. In seinen Formen und Pressen könne ich die letzte Kernseife sehen, die seinen Betrieb verläßt. Schmierseife werde er wohl noch eine Weile herstellen, aber Kernseife nicht mehr. Als Produktionsstätte werde seine Werkstatt eines Tages erlöschen, doch als technisches Denkmal hoffe er, sie erhalten zu können, weil sich alle Fachleute einig seien, daß in der DDR keine weitere Produktionsanlage von vergleichbarem historischem Wert existiere.

Der Neustädter Betrieb wurde 1840 von Traugott Wilhelm Goetze gegründet und seit 1886 von dessen Söhnen Hermann und Richard Goetze geführt. Dann übernahm ihn der Neffe Emil Wilhelm, Fritz Wilhelms Vater. Seit 1957 leitet der zweite und letzte Wilhelm die Werkstatt, die im wesentlichen in gleicher Weise produziert wie zu Urgroßvaters Zeiten.

In der Werkstatt von Fritz Wilhelm können die alten Anlagen und Geräte besichtigt werden, auch wenn inzwischen neue in Gebrauch sind, sei es aus Gründen des Verschleißes oder der größeren Leistungsfähigkeit. So wurde 1912 der gußeiserne Siedekessel durch einen großen stählernen Kessel mit zweitausendfünfhundert Liter Fassungsvermögen ersetzt, der eine gemauerte Feuerung hat und oben mit Lärchenholz isoliert ist. Aus dieser Zeit stammen ebenfalls zwei große eiserne Seifenformen, eine Seifenschneidemaschine, eine Spindelpresse und mehrere Stanzen. 1955 wurde ein elektrischer Trockenschrank installiert.

Mit diesem Instrumentarium verseift Fritz Wilhelm in Maßverhältnissen von etwa achthundert Kilogramm Fettsäure – Talg, Leinöl, Mischöl, Sonnenblumenöl, die Substanzen sind austauschbar – mit etwa fünfhundert Kilogramm Natron- oder Kalilauge und fünfzig Kilogramm Pottasche sowie sechshundert Kilogramm Wasser in einem hochsensiblen Prozeß. Bei Schmierseife wird Kalilauge verwendet, bei Kernseife Natronlauge. Zunächst bringt man die Lauge zum Kochen und gibt dann ganz langsam eimerweise Fett hinzu, bis eine Verbindung entsteht, die sogenannte Verseifung. Dabei darf das Kochen nicht einen Moment unterbrochen werden, es darf aber auch nichts überkochen. Der Seifensieder muß das Steigen und Fallen des Suds genau beobachten und ständig ausgewogen halten. Die Schwierigkeit besteht vor allem darin, daß Lauge viel schwerer als Wasser ist und Fett viel leichter. Der Seifensieder hat die Aufgabe, alles miteinander zu vereinigen, damit Seife entsteht. Fritz Wilhelm kann da auf eine Reihe von Kniffen, Tricks und auf große Erfahrung zurückgreifen, die ermöglichen, im richtigen Augenblick das Richtige zu tun. Er weiß, wann der Sud beendet und gelungen ist. In Zweifelsfällen – und zur Sicherheit – wird bei der Kernseife mit dem »Zungenstich« eine Probe gemacht. Dabei gießt er mit einem Löffel etwas Sud auf eine Glasplatte. Bleibt die Masse transparent und zeigt eine kleine Blume an der Oberfläche, wenn man sie gegen das Licht hält, ist die Seife reif.

Der Seifensieder schöpft die Kernseife in große Formen, wo sie acht bis zehn Tage abkühlt und trocknet, bevor sie mit Stahldrähten in Stücke geschnitten, gepreßt und gestempelt wird. Die Schmierseife bleibt über Nacht stehen. Dann füllt man sie in Etappen in Kübel. Sie findet vor allem als Gleit- und Trennmittel in der Getränkeindustrie, der Gummiindustrie – bei der Schlauchproduktion – und bei der keramischen und Porzellanindustrie Verwendung. Kernseife dient hauptsächlich dem Bevölkerungsbedarf, geht aber zum Teil auch in die Porzellan- und die keramische Industrie.

Wie die Innungsfahne schon im Jahre 1729 andeutete, waren die Seifensieder früher dafür zuständig, ihren Mitbürgern Lichter aufzustecken, Kerzen aus Talg oder Wachs, später aus Stearin oder Paraffin, damit sie in dunklen Zeiten erleuchtet würden. Fritz Wilhelm hat als Lehrling noch gelernt, Kerzen zu ziehen und zu gießen. Alle dafür nötigen Tauch- und Gußgerätschaften hat er in seinem Betrieb parat. Doch heute werden Kerzen nur maschinell produziert. Das ist rationeller. Fritz Wilhelm hatte sich – eben bis zu meinem Besuch – darauf konzentriert, jährlich vier Tonnen Kernseife, fünfundzwanzig Tonnen Schmierseife, sechzehn Tonnen flüssiges Handreinigungsmittel und fünf Tonnen Waschpulver herzustellen. Dabei hat seine Frau tatkräftig mitgeholfen. Nun soll das Produktive ab-, das Museale ausgebaut werden. Fritz Wilhelm kennt seine Seifen und ihre Geschichte,

weiß, daß die Sumerer Seife als Textilwaschmittel nutzten, die alten Ägypter sie medizinisch anwandten. Hingegen benutzten die Griechen und Römer keine Seife. Die Gallier und Germanen waren wohl die ersten, die Seife für die Körperreinigung benutzten, was Karl den Großen bewogen haben mag, ein Edikt zur Förderung des Seifensiedens als Handwerk und Hausgewerbe zu erlassen. Doch Seife blieb ein rarer Artikel, weil es an Soda mangelte. Das veranlaßte die französische Akademie, einen Preis für das beste Verfahren zur Sodagewinnung aus Kochsalz auszusetzen. Nicolas Leblanc gewann ihn 1789 – im Jahr der Französischen Revolution – und baute die erste Sodafabrik. Sein Verfahren wurde 1863 abgelöst durch das des Belgiers Ernst Solvay, das sich wohl bis heute bewährt.

Fritz Wilhelms Urgroßvater Traugott Wilhelm Goetze lernte auf seiner Wanderschaft die Produkte der ersten deutschen Sodafabrik in Schönebeck an der Elbe kennen und schätzen. Bereits am 6. Juni 1842 verzeichnete er in seinem Sudbuch, er habe das vierzigste Mal »weißgesotten«. Das bedeutete, daß er statt dreitausend Liter Holzasche nur noch fünfhundert Pfund Soda einzusetzen brauchte.

Optimale Verfahrenstechnik war im Chemiehandwerk der Seifensieder schon immer interessant. Aus dem Handwerk in die Wissenschaft ist es oft nur ein Schritt. Fritz Wilhelm geht am Ende in diese Richtung, wenn er erklärt: »Ich sehe es als meine Aufgabe an, gewonnene Erkenntnisse und Forschungsergebnisse über dieses Stück Heimat- und Berufsgeschichte möglichst zu erweitern, zu bewahren und an alle Interessenten weiterzugeben.« Die ist nicht mehr die Erklärung des letzten Seifensiedermeisters Wilhelm aus Neustadt, sondern die des ersten Direktors des Seifensiedermuseums Neustadt.

Keinen Handwerksbetrieb habe ich ratloser betreten als die Webeblattbinderei Rudolf Bergert in Plauen im Vogtland. Ich konnte mir unter einem Webeblatt überhaupt nichts vorstellen und fand niemand, der mir hätte sagen können, woraus es besteht, welche Größe es hat und wozu es dient. Dank Ulrich Bergert, der gemeinsam mit seinem Bruder den 1948 von seinem Vater gegründeten Betrieb leitet, weiß ich es nun. Das Webeblatt ist ein fester Verbund absolut gleichmäßiger und gleichdistanzierter Edelstahlstäbe, die parallel angeordnet sind. Die Webeblätter sind zwischen wenigen Zentimetern und mehreren Metern lang. Das hängt ganz davon ab, was gewebt werden soll, eine Borte, ein Tuch oder ein Teppich. Auch die Höhe und Tiefe können differieren sowie die Anzahl der Stäbe, die jeweils auf zehn Zentimetern eingesetzt werden. Je enger die Blattstäbe angeordnet werden, desto feinere Gewebe sind mit ihnen herzustellen. Im Bergertschen Betrieb können heute dreihundert Stäbe und mehr pro zehn Zentimeter aneinandergefügt werden. Die Abstände werden von einem feinen Spiraldraht reguliert. Es ist selbstverständlich, daß er, genau wie die Stäbe, eine absolute Gleichmäßigkeit aufweisen muß.

Zwar werden die Stäbe und der Spiraldraht maschinell gefertigt, aber die Hauptarbeit, das Einfügen der Stäbe in den Verbund, bleibt Handarbeit, die Fingerfertigkeit und gutes Sehvermögen erfordert. Je feiner das Webeblatt ist, desto dünnere Blattstäbe sind nötig. Die mit Stäben besetzte Fläche soll die der Freiräume keinesfalls übersteigen, eher etwas darunter liegen. Entsprechend den Webzwecken ist es möglich, die Webeblätter nahezu unendlich zu variieren. Jedem Gewebe sein Blatt! So gesehen, scheint es gerechtfertigt, das Webeblatt die Seele des Webstuhls zu nennen, wie das in einem alten Buch geschieht. Es führt und verteilt die Kettfäden, legt die Webbreite fest und dirigiert den Webschützen. Aber nicht nur verschiedene Gewebe erfordern unterschiedliche Webeblätter, auch bestimmte Webmaschinen machen Anpassungen nötig, die der Webeblattbinder meistern muß. Dieser Varietätenreichtum hat zur Folge, daß der Webeblattbinder nicht auf Vorrat arbeiten kann, sondern nur auf

Bestellung. Die Aufträge müssen dann in kürzester Frist ausgeführt werden, denn Stoffe sind modische Erzeugnisse und somit saisongebunden.

Die stählernen Blattzähne in ihrer Beschaffenheit und Anordnung sind also das Herzstück des Webeblattes. Ihre Güte wird durch die Legierung des Blattzahndrahtes und den Walzprozeß bestimmt, dem sie unterliegen, bevor sie ihren endgültigen Zuschnitt erfahren. Der Blattzahn muß in Tiefe und Dicke absolut toleranzfrei sein. Jede Schwankung ergibt im Gewebe Deckungsunterschiede der beiden Fadensysteme und mindert die Qualität. Das Feinwalzen und Schneiden des Zahndrahtes, das Abrichten und Arrondieren der Zahnkanten sowie das abschließende Feinpolieren erfordern spezielle Fertigkeiten und Erfahrungen.

Auch heute noch werden die Blattzähne Rietzähne genannt, was darauf hindeutet, daß sie nicht von Anfang an aus Edelstählen gefertigt worden sind. Das erste Webeblatt soll die menschliche Hand gewesen sein. Sie hat die Führung der Webefäden an hölzerne Vorrichtungen abgegeben, an das gezahnte Webschwert etwa. Mittels Fischbein und Gräten hat man im asiatischen Raum schon früh feine Gewebe hervorgebracht. In Europa kam man bald darauf, feine Stäbe aus Schilfrohr zu verwenden, die Rietstäbe. Aus diesem Material, das lange Zeit das Feld behauptete, konnte man Blätter herstellen, die bis zu zwanzig Stäbe pro Zentimeter aufwiesen. Oben und unten wurden die Rietstäbe mit Bast oder gepichtem Garn den hölzernen Blattschienen verbunden. Die Feinheit des Zwirns bestimmte zugleich den Abstand zwischen den einzelnen Stäben. Bei der Einbindung der Rietstäbe saßen sich zwei Blattmacher gegenüber. Einer verband die Blattzähne per Linkswicklung, der andere per Rechtswicklung mit der Schiene. Wichtig war dabei eine gleichmäßig straffe Wicklung. Dieser Pechbund wird gelegentlich noch angewendet, ist allerdings vom wesentlich vorteilhafteren Zinngußbund und neuerdings vom Plastikgußbund weitgehend verdrängt. In beiden Fällen verwendet man statt gepichten Zwirns einen Eisendraht, der durch Eintauchen in ein Zinn-Bleibad fest mit den Blattstäben verlötet wird. Das ergibt nicht nur größere Präzision bei den Stababständen, es ermöglicht ebenso, feinere Blattzähne zu verwenden, und hat sogar Vorteile im Webvorgang. Die Plastikverbundblätter sind leichter und flexibler, sie haben zudem für spezielle Webblätter Vorzüge.

Trotz einiger mechanischer Hilfen ist das Webeblattbinden ein sensibles Handwerk mit spezifischen Fertigkeiten geblieben. In der Materialbeurteilung der Stähle für Zähne, Spiraldrähte und Blattschienen, hinsichtlich der Rezepturen und Temperaturen beim Verlöten oder bei den Poliermitteln spielen Erfahrungen eine Rolle, die oft Generationen zurückreichen. Sie fordern jedoch genauso das Experiment und die Findigkeit heraus. Das abschließende Polieren und Egalisieren der Webeblätter, das Stunden, nicht selten Tage in Anspruch nimmt, ist reine Handarbeit.

Es gibt zehn Webeblattbindereien in der Deutschen Demokratischen Republik, die in einer Kooperationsgemeinschaft zusammengeschlossen sind und der Erzeugnisgruppe TEXTIMA angehören. Die Bergertsche in Plauen mit ihren acht Mitarbeitern ist die größte, und Ulrich Bergert leitet die Kooperationsgemeinschaft. Die Werkstätten sind zum Teil auf besondere Fertigungen spezialisiert. An dieser Zusammenfassung der Betriebe, ihrer zentralen Materialversorgung und Auftragserteilung hat Rudolf Bergert, der Vater Ulrich Bergerts, großen Anteil. Er hat auch den Bruder von Ulrich Bergert, Günter Below, heute Webeblattbindemeister, ausgebildet und den Söhnen mit der Vermittlung seines Wissens und seiner Erfahrungen ein gutes Fundament gegeben. Beide führen den Betrieb als gleichberechtigte Partner weiter. Die Webeblattbinder können der Textilindustrie in der Deutschen Demokratischen Republik ihre volle Leistungsfähigkeit und ein schnelles Reagieren auf modische Entwicklungen garantieren. Und sie sind auch darauf eingestellt, die Mitarbeiter auszubilden, die das in Zukunft gewährleisten. Eine webeblattlose Webmaschine soll es zwar schon geben, aber ihre Zukunft steht wohl noch dahin, so daß die seltene Handwerkskunst der Webeblattbinderei vorerst weiter unentbehrlich bleibt.

Mein Weg führte mich in den Musikwinkel von Markneukirchen, hinauf nach Schöneck, durch dichte Wälder, vorbei auch an Ebereschen. Und da wurde ich an eine praktische Beziehung zum Flötenbau und Flötenspiel erinnert. Von Ebereschenruten schnitten wir als Kinder Stücken ab, formten Mundstücke, klopften dann die Schale, bis sie sich vom Holz löste, so daß ein Hohlraum entstand, und stellten eine Art Zugflöte her, auf der Talentierte von uns ganz muntere Weisen durch Busch und Wald erschallen lassen konnten.

Als ich vor Karl-Christian Lederers Meisterwerkstatt für Böhm-Flötenbau stand,

empfand ich meine flötistische Vorbildung allerdings als absolut unangemessen. Ich geriet aus einem böhmischen Dorf ins andere. Mein erstes war der Böhm. Was sind Böhm-Flöten? Karl-Christian Lederer, der mit seinem Sohn in der kleinen Familienwerkstatt in der Dr.-Külz-Straße arbeitet, gab mir Auskunft: Der Münchener Flötist Theobald Boehm (Böhm) – er lebte von 1794 bis 1881 – studierte die akustischen Prinzipien und formte in Zusammenarbeit mit dem Goldschmied Schaffhäutl den Flötenkörper zylindrisch, wodurch die Flöte ein größeres Tonvolumen erhielt, das sie befähigte, das führende Soloinstrument unter den Holzblasinstrumenten zu werden. Und da gerate ich in das zweite böhmische Dorf. Das führende Holzblasinstrument ist heute aus Silber. Es kann auch aus Gold sein oder Platin – nur kaum noch aus Holz. Trotzdem werden die beiden Lederer-Söhne wohl je eine Holzflöte bauen

müssen, falls es zur Meisterprüfung verlangt wird. Johannes und Michael Lederer wollen Flötenbaumeister werden.

Aber alle guten Orchestermusiker spielen Silberinstrumente und die Solisten sowieso, wenn nichts Edleres. Selbst Studenten lernen auf Silberinstrumenten. Sie erhalten zum Teil Kredite, um sie erwerben zu können, denn sie sind teuer. Als Friedrich-August Lederer 1865 die Firma in Schöneck gründete, baute er neben anderen Holzblasinstrumenten auch Traversflöten. Sein ältester Sohn, Karl August, begann 1889 die Böhm-Flöte anzufertigen, die er bald in die USA, die Niederlande und andere Länder verkaufte. Der Export half ihm, den Betrieb über die Wirtschaftskrisen der zwanziger Jahre hinwegzuretten.

Er hatte viele Brüder und Söhne, die alle mit dem Holzblasinstrumentenbau zu tun hatten. Sein jüngster Sohn, Erich, aber führte 1939 den Schönecker Familienbetrieb weiter. Er baute Böhm-Flöten, Böhm-Piccolos und Altflöten (System Böhm) in sehr guter Qualität. Er trug eine schwere Kriegsverletzung davon und nahm 1947 seinen Neffen Karl-Christian als Lehrling in die Werkstatt auf, um das traditionelle Handwerk zu erhalten. Nach seinem Tod 1962 übernahm dieser die Werkstatt und arbeitet seitdem als Alleinmeister. 1975 wurde er als Kunsthandwerker anerkannt. 1905 hat sein ältester Sohn, Johannes, die Lehre bei ihm begonnen, und sein zweiter Sohn, Michael, möchte gleichfalls die in mehr als einem Jahrhundert gesammelten Erfahrungen und die erworbenen Fertigkeiten im Flötenbau weiternutzen. Doch auch die beiden Töchter des Meisters, die noch zur Schule gehen, interessieren sich schon für sein Metier, und sie haben die gleichen Aussichten wie ihre Brüder, es mit Kunstsinn und Handfertigkeit auszuüben.

»Wenn wir Silberblech und Draht haben, können wir notfalls eine Flöte bauen«, sagt Karl-Christian Lederer. Die Silberrohre werden als Grundmaterial geliefert, daraus wird alles gefertigt: der Körper, der Kopf. Jedes Instrument hat seine Individualität. Der Innendurchmesser beträgt zirka neunzehn Millimeter. Wichtig ist die Präzision der Mensur, der Abstand und der Durchmesser der Tonlöcher. Die Silberqualität, die Wandstärke, die Mensur und vor allem die Kopfstücke schaffen Variationen im Klang. Für die Kopfstückarbeit ist die Erfahrung besonders wichtig – nicht nur im Umgang mit Material und Werkzeug, sondern auch mit den Musikanten.

Mancher Flötist nimmt mehrere Kopfstücke mit nach Hause, um sie gründlich auszuprobieren. Da sucht jeder sein eigenes Modell. Der Kontakt mit den Musikern ist wichtig. Viele kommen in die Werkstatt. So kann das Instrument der bequemeren persönlichen Handhabung angepaßt werden, kann eine optimale Tonbildung mit einem eleganten Erscheinungsbild in Einklang gebracht werden.

Allerdings gibt es für die Klangnuancen kein objektiv begründetes Optimum, sondern nur eine subjektive Vorliebe. Der unmittelbare Kontakt mit den Benutzern des Musikinstruments vermittelt zugleich manche Anregung für die Arbeit. Die Musiker bereisen die Welt, bringen Erfahrungen anderer Länder mit nach Hause, selbst Instrumente. Und sie machen Flöten aus Schöneck in der Welt bekannt und begehrt durch ihr Spiel. Karl-Christian Lederers Instrumente haben bei Orchestern und Solisten weltweit einen guten Klang. Mit seinen Werkzeugen – Zangen, Feilen, Bohrern, Schieblehren, Meßwerkzeugen, Uhrmacherwerkzeugen, selbstgefertigten Bohrern und Reibahlenfräsern, manches noch vom Großvater übernommen –, bereichert durch moderne Maschinen wie Drehbänke, eine Kopier-Bohrmaschine, eine Ziehbank und eine Stanzpresse mit den dazugehörigen Werkzeugen, kann er höchsten Ansprüchen

und speziellen Wünschen entgegenkommen. Allerdings braucht er einen Monat Zeit, um eine Qualitätsflöte herzustellen. Die Qualität seiner Instrumente erprobt er selbst zuerst. Er kann Flöte spielen. Seine Söhne ebenfalls, sie lernen noch dazu Geige und Cello. Musikerziehung ist ein wesentlicher Faktor ihrer Ausbildung als Flötenbauer.

Zum Bau der Flöten kommt deren Reparatur. Sie bedarf etwa alle zwei Jahre einer gründlichen korrigierenden Durchsicht. Die erfolgt meist zwischen Juni und August, wenn die großen Klangkörper und Solisten pausieren. Die Staatskapelle Berlin, das Gewandhausorchester Leipzig, die Staatskapelle Dresden beziehen ihre Flöten von Karl-Christian Lederer und lassen sie auch bei ihm reparieren. Drei Viertel seiner Instrumente gehen jedoch in den Export.

Seit zehn Jahren fertigt er nur Künstlerinstrumente an. Für die Herstellung von Holzpiccolos bleibt ihm kaum noch Zeit. Sein besonderes Interesse hat er auf die Weiterentwicklung der Böhm-Ringdeckelflöte gerichtet, die seit 1889 das bevorzugte Instrument der Werkstatt Lederer war. Ständig gibt es Neues: Bis vor wenigen Jahren stimmte der Meister seine Flöten am Harmonium nach Gehör ein. Heute stehen ihm elektronische Stimmgeräte für die Endkontrolle zu Gebote. Eingehend befaßt sich Karl-Christian Lederer mit der Frage, ob sich durch Veränderungen in der Silberlegierung nicht weitere Verbesserungen im Klang seiner Instrumente erreichen lassen.

Wenn künftig von Flötentönen die Rede ist, wird bei mir, so bin ich gewiß, nicht mehr nur übertragener Sinn, sondern Eigentliches mitschwingen.

Wie schön der Geigenkörper auch immer gebildet sein mag, er ist nicht für das Auge da, sondern für das Ohr. Klingen soll er. Nicht getupfte und gezupfte – schwingende, schwebende Töne sollen es vor allem sein. Und die bringt man nur mit dem Bogen hervor, der über die Saiten streicht und sie in anhaltende Schwingung versetzt, die dann dem Geigenkörper den einmaligen Klang entlockt. Der Geigenbau dient der Kunst, er ist Kunst, wenn er meisterlich beherrscht wird. Der Geigenbogenbau genauso. Beide sind aber zuerst Handwerk.

Als ich in Wernitzgrün das Haus im Hofgarten betrat, in dem Bernd Doelling mit seinem Sohn arbeitet, hörte ich einen Zeisig mit einem Stieglitz um die Wette singen. Draußen war es naß und kühl, obwohl das Gras wuchs und die Blumen im Garten blühten. Doch ich empfand sogleich eine häuslich-harmonische Stimmung, die froh macht. Vielleicht ist die heimische Geborgenheit förderlich, wenn man Musikalien herstellt. Nun sind allerdings die Bögen, die aus der Doellingschen Werkstatt kommen, nicht eben für Hausmusikanten bestimmt. Sie gehen hinaus in die großen Konzerthallen der Welt, werden von berühmten Solisten bekannter Orchester gehandhabt vor den Augen und Ohren des zahlreichen Publikums.

Und nicht nur Geigenbögen produzieren die Doellings. Als erstes zeigte mir Bernd Doelling zwei Baßbögen, einen im deutschen Stil und einen im französischen Stil, der wie ein Cellobogen gespielt wird. In der Ausstattung allerdings waren beide gleich kostbar. Die Bögen sind aus Fernambukholz gefertigt, dem brasilianischen Farbholz, das mindestens zehn Jahre abgelagert sein muß, zunächst an der Luft, dann über der Heizung, bevor es zugeschnitten wird. Dieses Holz ist wegen seiner Festigkeit und Elastizität besonders geeignet. Verwendet wird aber auch Brasilholz, Schlangenholz, früher nahm man selbst heimische Hölzer wie Kirsche oder Buche. Die ausgesägte Stange wird nochmals gelagert, ehe sie mit Spezialhobeln per Hand geformt wird. Diese Hobel muß Bernd Doelling selbst anfertigen, sofern er sie nicht aus Nachlässen erhält. Natürlich ist das Holz vor der Arbeit sorgfältig geprüft und aussortiert worden. Das schwerere, dunklere ist für die Geigenbögen besser geeignet, das leichtere, hellere für die Baßbögen. Das beste Holz kommt von kargen Böden, weil es dort langsamer wächst und dichter wird. Es darf keine Fehler wie Äste oder Risse haben und muß mit den Jahresringen quer zum Kopf zugeschnitten werden. Sonst platzen die Köpfe ab.

Seit der französische Bogenmacher François Tourte (1747–1835) die konkave Biegung statt der vorher gebräuchlichen konvexen einführte, hat der Bogen seine optimale Form und mit 74,5 Zentimetern auch seine optimale Länge gefunden. Diese konkave Form erreicht der Bogenbauer durch eine Biegung, die in der letzten Phase mit viel Fingerspitzengefühl über dem Spiritusbrenner erfolgt. Danach arbeitet er den Kopf aus und plattet ihn mit Elfenbein auf. Der konkave Bogen braucht für die Bespannung mit Roßhaaren – Versuche mit synthetischen Fasern haben sich nicht bewährt – den sogenannten Frosch. Dieser muß mit einer Spezialvorrichtung so auf der Bogenstange fixiert werden, daß er beweglich ist und dennoch festsitzt. Für den Frosch wird Ebenholz oder manchmal auch Büffelhorn oder Elfenbein verwendet. Die Froschbeschläge sind aus Silber oder Gold und werden auf besonderen Wunsch graviert. Dem Schub, gearbeitet aus exotischen Muscheln, der die Befestigung der Haare im Frosch verdeckt, kommt gleichzeitig eine dekorative Wirkung zu. Dann werden die Haare in den Kopf und den Frosch gleichmäßig eingezogen und befestigt. Für den Baßbogen verwenden die Doellings etwa dreihundert Haare, für den Cellobogen etwa zweihundert, für den Geigenbogen etwa hundertfünfzig, Hengsthaare wohlgemerkt. Stutenhaare sind etwas dünner, deshalb müssen da einige zugelegt werden. Danach wird die Stange gerichtet und fertiggehobelt, um eine richtige Gewichtsverteilung, die neben der Holzqualität von großer Bedeutung ist, zu erreichen. Schließlich wird der Bogen gebeizt, lackiert, mit Bimssteinpulver geschliffen. Zuletzt wird vor dem Frosch die Stange mit zirka sieben Zentimeter Silberdraht umwickelt und mit einem ungefähr vier Zentimeter breiten Lederstreifen überklebt. Bei exquisiten Bögen wird dabei Eidechsenleder verwendet.

Fest angefaßt muß der Bogen schon werden, und manche Hand – selbst Meisterhand – gerät dabei ins Schwitzen, obwohl er leicht und handlich ist. Der Baßbogen wiegt hundertfünfundzwanzig bis hundertfünfunddreißig Gramm, der Cellobogen achtundsiebzig bis dreiundachtzig Gramm, der Violabogen achtundsechzig bis dreiundsiebzig Gramm, der Geigenbogen achtundfünfzig bis vierundsechzig Gramm. Wie leicht die Bögen der Streichinstrumente auch sind, so schwer ist es, sie herzustellen, denn Musiker sind anspruchsvolle Kunden. Sie kommen oft mit speziellen Wünschen in die Werkstatt, und es gehören ausgereifte Fähigkeiten und Fertigkeiten, eine große Erfahrung und wohl ebenso ein besonderes Talent dazu, alle Auftraggeber zufriedenzustellen.

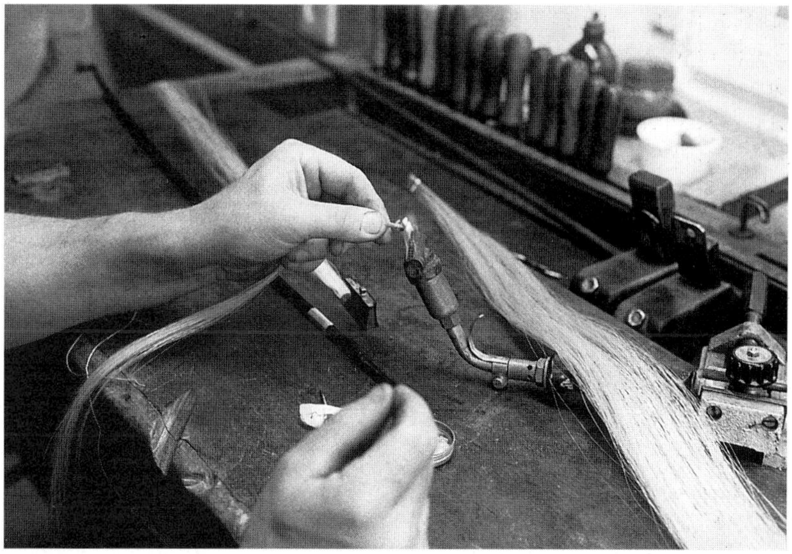

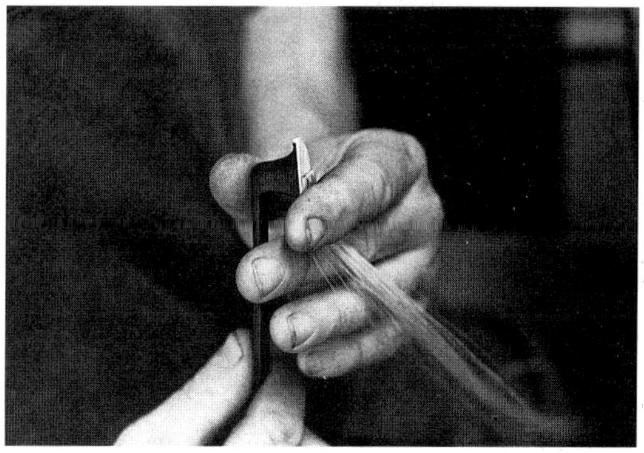

Bernd Doelling hat einst auf dem Stuhl gesessen, auf dem jetzt sein Sohn sitzt, als Meister des Violinenspiels wie David Oistrach und Yehudi Menuhin bei seinem Vater Heinz Doelling Bögen bestellten, und er hat von seinem Vater die Meisterschaft erworben, mit der man höchsten Ansprüchen gerecht werden kann. Länger als ein Jahrzehnt hat der Meister im väterlichen Betrieb gearbeitet, bevor er in Wernitzgrün am 1. Januar 1985 eine eigene Werkstatt gründete. Der Urheber des Doellingschen Bogenbaus war Bernds Großvater Otto Doelling im Jahre 1898 in Markneukirchen. Die Geigenbögen aus der Doellingschen Werkstatt sind zwischen Australien und den Vereinigten Staaten von Amerika in aller Welt begehrt. Die meisten werden von der Bundesrepublik Deutschland und Japan gekauft. Der Bedarf ist nicht zu decken.

Es würde ihn entlasten, wenn wieder ein Bestandteilmacherbetrieb die Arbeit aufnehmen könnte. Zur Zeit müssen die Instrumentenmacher alles selbst anfertigen, die Geigenbauer beispielsweise die Wirbel und Ähnliches und er eben die Frösche, die man früher halbfertig hätte beziehen können. Die »Migma«, der er mit seinem Betrieb angehört, sorgt für die Materialbeschaffung und für den Vertrieb, was ihm eine Hilfe ist.

Die Ausbildung seines Sohnes als Bogenbauer wird aus dem Kulturfonds der Deutschen Demokratischen Republik gefördert, und so hat der Doellingsche Betrieb, in dem ein seltenes Handwerk mit Meisterschaft ausgeübt wird, gute Aussichten, nicht nur sein hundertjähriges Bestehen zu feiern, sondern im nächsten Jahrhundert, das ja zugleich ein neues Jahrtausend einleitet, erfolgreich weiterzuarbeiten.

Viele Handwerksbetriebe habe ich besucht. Bei den meisten sah ich Feilen: große, kleine, winzige, vierkantige, dreikantige, flache, runde, halbrunde, ovale – je nach Zweck und Material werden unterschiedliche Formen und Größen benötigt. Der Glauchauer Feilenhauer Dieter Bresler schätzt den Artenreichtum der Feilen auf etwa dreißigtausend. Dazu kommen die Raspeln. Eine Feile oder Raspel ist ein Werkzeug, das mit scharfen Einkerbungen (Zacken, Einschnitten, sägeartigen Zähnen, Hieben) versehen ist, die schärfer oder härter – möglichst beides – sind als der Gegenstand, den man durch Darüberstreichen an seiner Oberfläche verändern – in jedem Falle verkleinern – oder den man durchschneiden will. Im übertragenen Sinn bedeutet feilen zugleich ein Glätten und Verfeinern, und selbst in der Literatur hat dieser Arbeitsgang seinen Platz gefunden, wenn man dafür auch nicht zuvor des Werkzeugs wegen nach Oberschindmaas in das ehemalige Umspannwerk an der Zwickauer Straße fahren muß, wo Dieter Bresler seine Feilenhauerei eingerichtet hat.

Normalerweise stellt er etwa hundert Feilenarten her. Bei Bedarf allerdings führt er Arbeiten gesondert aus, erforderlichenfalls mit der Hand, wie bei Hufraspeln, bei speziellen Feilen für Musikinstrumentenbauer oder für Orthopäden. Da werden auch neue Spezialitäten entwickelt wie derzeit eine Spezialraspel für die Bearbeitung von künstlichen Hüftgelenken aus nichtrostendem Stahl. Etwa neunzig Prozent der Tätigkeit wird in Dieter Breslers Betrieb auf die Wiederaufarbeitung von Feilen in allen Formen und Größen verwandt. Zunächst glüht man die stumpfen Feilen weich und entfernt danach den Hieb mittels Naßschleifen. Dann erfolgt das Hand- beziehungsweise maschinelle Hauen, und anschließend werden die Feilen erneut gehärtet.

Obwohl bereits Leonardo da Vinci eine Feilenhaumaschine entworfen hatte, stand erst am Ende des 19. Jahrhunderts ein Gerät zur Verfügung, das an Präzision und Leistung dem Hauen mit der Hand überlegen war. Diese Maschinen, die in Dieter Breslers Betrieb noch heute verwendet werden, bedürfen einer feinfühligen Steuerung und Bedienung. Das hängt mit der konischen Form der meisten Feilen und mit der unterschiedlichen Härte des Stahls zusammen. Bei gleichbleibendem Vorschub und gleichbleibender Hiebkraft würde das zu ungleichen Einkerbungen führen. Außerdem sind die Feilen, die aufgearbeitet werden, ohnehin nicht mehr maßhaltig. Es ist also während des Hauens volle Konzentration vonnöten, denn Form, Stellung und Gleichmäßigkeit der Hiebe sind neben der Gleichmäßigkeit des Materials und der Qualität des Härtens entscheidend für die Leistung einer Feile.

Die meisten Feilen erhalten einen Doppelhieb. Die beiden Hiebe, Unter- und Oberhieb, können entsprechend den Anforderungen an das Werkzeug Feile in verschiedenen Winkeln ausgeführt werden. Dabei entsteht der vorgenannte Kreuz- oder Doppelhieb. Die unterschiedlichen Hiebwinkel sind an den Maschinen wunschgemäß einzustellen. Es versteht sich, daß während und nach dem Vorgang des Hauens die Feile wiederholt gerichtet werden muß, in der Regel drei- bis viermal. Die Raspeln werden in Dieter Breslers Werkstatt auch heute noch mit der Hand gehauen. Dabei sind der Meißelansatz und die Stärke des Hiebs genau zu taxieren und zu dosieren und die punktuellen Einzelhiebe mit Augenmaß exakt zu setzen. Nach dem Hauen wird die Feile gehärtet. Die Güte des Härtens verbürgt neben Hieb- und Materialqualität die Leistungsfähigkeit und Haltbarkeit des Werkzeugs.

Handelt es sich nicht um eine Regenerierung, sondern um eine Neuanfertigung, muß zuvor der Feilenkörper geschmiedet werden. Dafür stehen die Geräte bereit, Amboß, Hammer, Gesenke, Schmiedefeuer.

Im ganzen erfordert eine Feile etwa vierzig bis fünfzig Arbeitsgänge, bis sie gebrauchsfähig ist. Dieter Bresler hat sie sinnvoll auf seine sieben Mitarbeiter aufgeteilt. Sein Sohn wirkt dabei mit. Er erlernt den Beruf des Feilenhauers. Die Berufsausbildung dieses seltenen Handwerks soll neu konzipiert werden. Bisher mußten die Lehrlinge eine Ausbildung als Werkzeugmacher mit einer Spezialisierung als Feilenhauer durchlaufen. Dieter Bresler selbst ist auf einem ganz anderen Weg

zur Feilenhauerei gelangt. Als er im Jahre 1981 bei der Beerdigung seines Onkels erfuhr, daß die seit 1896 bestehende Feilenhauerei Max Engelhardt in Crimmitschau, die seine Cousine geleitet hatte, verwaisen sollte, und man ihn fragte, ob er diesen für Industrie und Handwerk wichtigen Handwerksbetrieb übernehmen würde, sagte er zu. Neues reizte ihn immer; er kannte aus eigener Erfahrung in der Metallbearbeitung den Wert griffiger Feilen. So verlagerte er das Inventar der Firma Engelhardt in das alte, leerstehende Transformatorengebäude nach Oberschindmaas. Ein hochqualifizierter Feilenhauer ging mit, der auf die sehr sensiblen Haumaschinen eingespielt war, auch die körperlich schwere Arbeit nicht scheute, mit Lärm, Wasser, Zyankali, Blei, Hitze umzugehen und zu leben wußte, um das billigste Werkzeug herzustellen, das wir derzeit haben. Mit Unterstützung dieses alten Fachmannes wurden die Feilenhauerei dort neu eingerichtet und weitere Arbeitskräfte ausgebildet. Sie sind heute ebenfalls in der Lage, die alten Maschinen so zu handhaben, daß die Feilen der Firma Engelhardt überall in Industrie und Handwerk höchstes Ansehen genießen, vom Erzgebirge bis zum Ostseestrand.

Seine Fähigkeiten und Fertigkeiten als Maschinenbauer gestatten Dieter Bresler zugleich, den eigenen Maschinen- und Werkzeugpark selbst instand zu halten, denn die Anschaffung neuer Haumaschinen, die sehr teuer sind, ist bei den niedrigen Feilenpreisen kaum erschwinglich. Hier sieht er in der Perspektive allerdings Probleme, die einer Lösung bedürfen, damit die handwerkliche Feilenhauerei in eine verheißungsvolle Zukunft blickt. Auf eine lange Vergangenheit kann sie zurückschauen. Bereits in der Bibel und in den Fabeln des Äsop wird die Feile als Werkzeug erwähnt. Sowohl aus Feuerstein als auch aus Bronze gefertigte Feilen aus frühgeschichtlicher Zeit sind gefunden worden, sogar aus Rochen- und Haifischhäuten sind Feilen überliefert, bevor sich das Eisen als bester Werkstoff für dieses nagende, der Säge verschwisterte Werkzeug empfahl.

Im Mittelalter war die Feilenhauerei ein zünftiges Handwerk, das seine Glüh-, Hau- und Härtevorrichtungen sowie den Mann, der sich auf den harten und genauen Schlag konzentriert, vorwies. Unter den Zentren der Feilenhauerei wird im 17. und 18. Jahrhundert der Zwickauer Raum genannt. Da hat sich Dieter Bresler also am richtigen Ort entschlossen, eine handwerkliche Tradition fortzusetzen und zu repräsentieren, die Industrie, Handwerk und Haushalt gleichermaßen unentbehrlich ist.

Das Elfenbein ist ein exotischer Rohstoff, der aus Afrika eingeführt werden muß. Das machte und macht es so kostbar. Der harte und dauerhafte, trotzdem elastische Elefantenzahn ist bereits im Paläolithikum geritzt und beschnitzt worden. Er hat ja von Natur aus etwas Ehrerbietiges. Kein Wunder, daß ihm magische Bedeutung beigemessen wurde in jenen Zeiten, in denen Kult und Kunst kaum zu unterscheiden waren. In allen nachfolgenden Kunstepochen behauptete das Elfenbein stets einen besonderen Platz im Kultischen wie im Künstlerischen, wobei das Ornamentale und Figürliche stets dominierte, auch wenn funktionaler Gebrauch nicht ausgeschlossen war. Aber selbst wenn Elfenbein zu Zwecken bestimmt wird wie am Griff eines Spazierstockes, am Frosch eines Geigenbogens, am Taktstock des Dirigenten, es bleibt ein Rest an Dekoration und Repräsentation. Heute mehr denn je, denn so kostbar war Elfenbein als Rohstoff noch nie!

Selten und kostbar ist auch die Fähigkeit, es zu bearbeiten. Gerhard Laßig ist einer der letzten Elfenbeinschnitzer, vielleicht sollte man besser sagen: Elfenbeingestalter. Neben dem Schnitzen wird das Drechseln zur Formung des Elfenbeins verwandt. Gerhard Laßig kann und macht beides. Das Gewerbe des Elfenbeindrechselns hat er nach 1945 sogar zuerst erhalten. Bei jedem Stück Elfenbein überlegt er zunächst, was sich daraus gestalten läßt, ein schmückendes Halsband, ein Ring, eine Brosche oder gar eine Figur?

Als Meisterstück fertigte er 1954 eine Barockuhr. Unter dem ornamental geschmückten Kreisrund des elfenbeinernen Uhrengehäuses sitzen vier musizierende Putten, auf dem Gehäuse sitzt ein Dirigent. Ein wenig wird man an historische Dresdener Skulpturen erinnert,

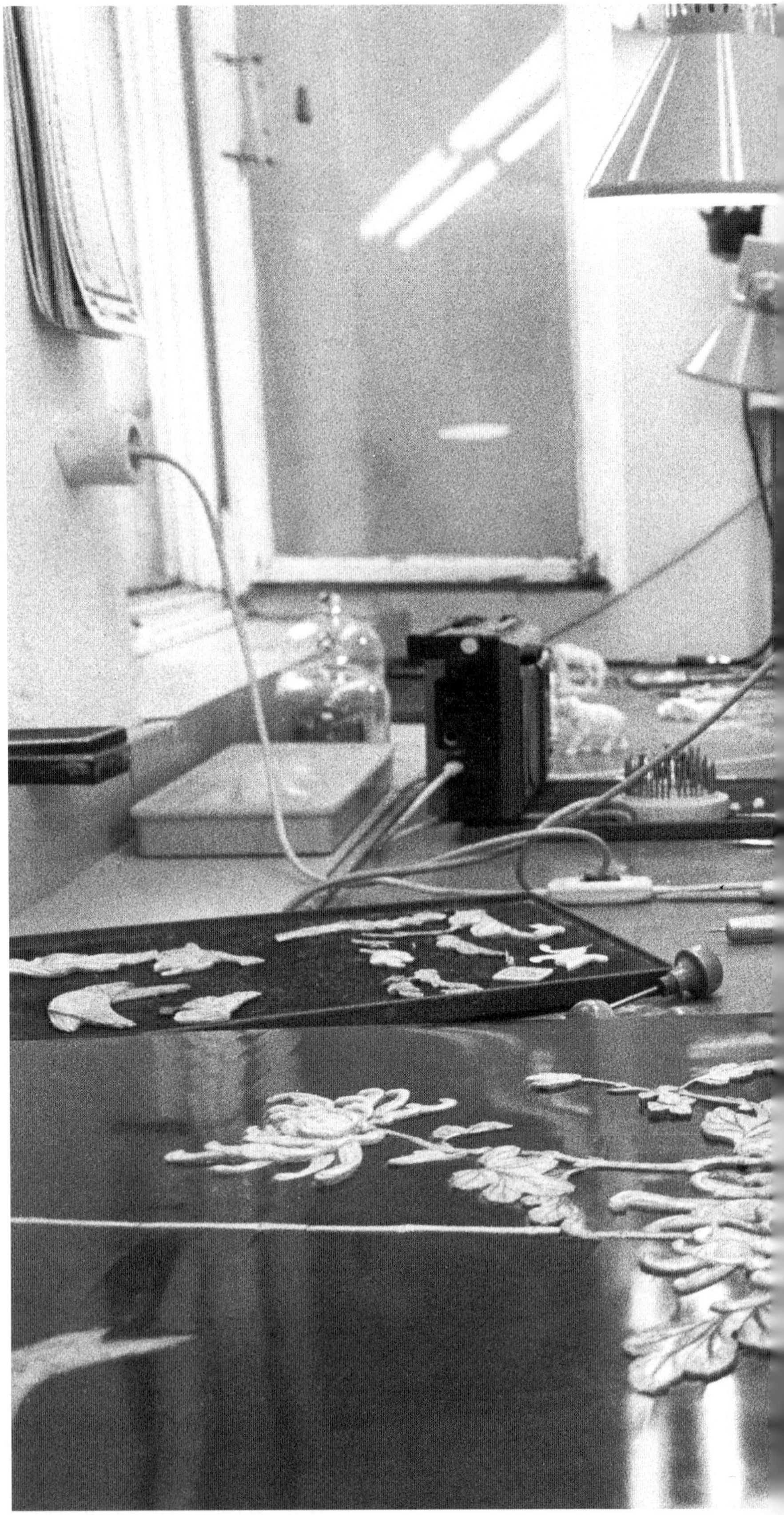

etwa an die »stille Musik« Pöppelmanns in Großsedlitz, wo musizierende Puttenfiguren um einen Brunnen angeordnet sind. Das Verrinnen der Zeit als ewige Melodie? Wo Gerhard Laßig figürlich arbeitet, ist Nachdenken gefordert und ist oft auch ein wenig Ironie im Spiel wie in den Gestalten, die er Poet und Schnupfer nennt – oder sollte man vom Verschnupften sprechen?

Als ich aus dem Wohnzimmer der Laßigs, wo derartige figürliche Gestaltungen in ästhetischem Umfeld zur Wirkung kommen, in die Werkstatt trat, aus der sie stammen, war ich zunächst etwas schockiert. Ich dachte eher, ich bin beim Zahnarzt als in einer kunsthandwerklichen Arbeitsstätte. Tatsächlich gehören Bohr- und Schleifgeräte des Zahntechnikers zu den Werkzeugen des Elfenbeinschnitzers. Zudem ist Helligkeit gefragt, denn die Formgebung des Elfenbeinschnitzers gebietet Genauigkeit bis ins Winzige. Ausschlag geben selbstverständlich die Nuancierungen mit scharfen Sticheln oder Drechselstählen.

Den Umgang mit diesen traditionellen Werkzeugen hat Gerhard Laßig in der Familienwerkstatt erlernt, die sein Großvater Ernst Laßig 1876 gegründet hat. Der erste große Verkaufsschlager der Firma Laßig wurden die reich verzierten Taktierstöcke, die ihren Weg bis nach Italien fanden. Sie fungierten meist als Repräsentationsgeschenke. Seitdem zieht sich die Lebenslinie des Geschäfts, bewegt durch modische Impulse, wirtschaftliche Aufschwünge und Niedergänge, betroffen von zwei Weltkriegen, durch drei Laßig-Generationen über mehr als ein Jahrhundert. Nicht immer ging alles glatt. Nach dem Ersten Weltkrieg hatte Curt Laßig, der Vater Gerhard Laßigs, in Anbetracht der neuen manufakturmäßigen Konkurrenz die Zuversicht für den Fortbestand seiner Dresdener Werkstatt verloren. Er ließ Gerhard Laßig den Beruf eines Feinmechanikers erlernen, obwohl dieser in der väterlichen Werkstatt groß geworden war und viel Neigung für die Elfenbeinschnitzerei zeigte. Sie war so stark, daß er sich nach dem Tode des Vaters 1945 entschloß, das völlig zerstörte Geschäft neu zu begründen. Er brachte die handwerklichen Fertigkeiten und die künstlerischen Fähigkeiten, die er in sich spürte, zur Reife. Als kunsthandwerklich orientierter Elfenbeinschnitzer hat er sich seitdem eine gesicherte Existenz geschaffen. Er repräsentiert damit ein Stück kulturgeschichtliche Tradition, die die Menschheit seit ihren Anfängen pflegt und bewahrt und die wohl dauern wird, solange es Elefanten gibt auf Erden.

Als ein besonderes Zentrum der Elfenbeinschnitzerei hatte sich die Grafschaft Erbach zu Erbach im deutschen Gebiet herausgebildet, weil der Graf einst selbst diesem Metier huldigte und seine Untertanen darauf hinlenkte. Die Erbacher Rose ist unter Elfenbeinschnitzern ein Begriff geworden. Aber auch aus der Hand Augusts des Starken sind Elfenbeinschnitzereien überliefert, und wie viele Künste, so hat er dieses seltene Handwerk in seiner Dresdener Residenz gefördert und heimisch werden lassen, bis hin zur Laßig-Familie, in der es noch heute lebendig ist.

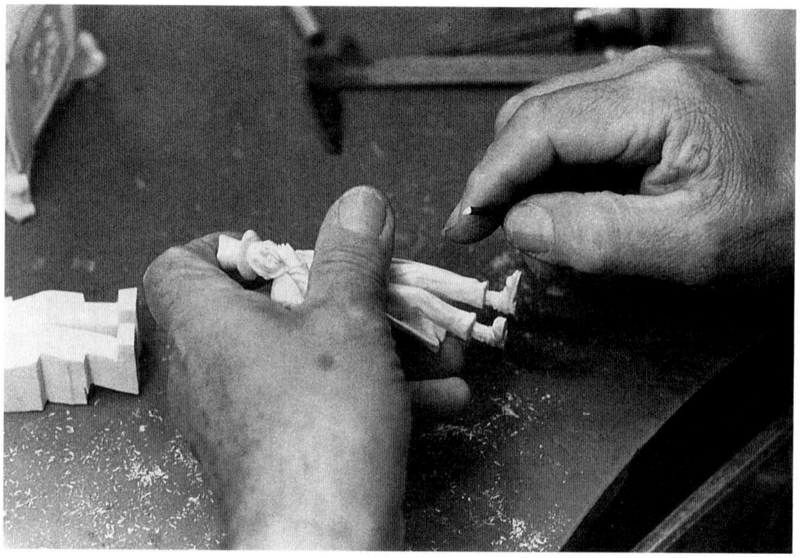

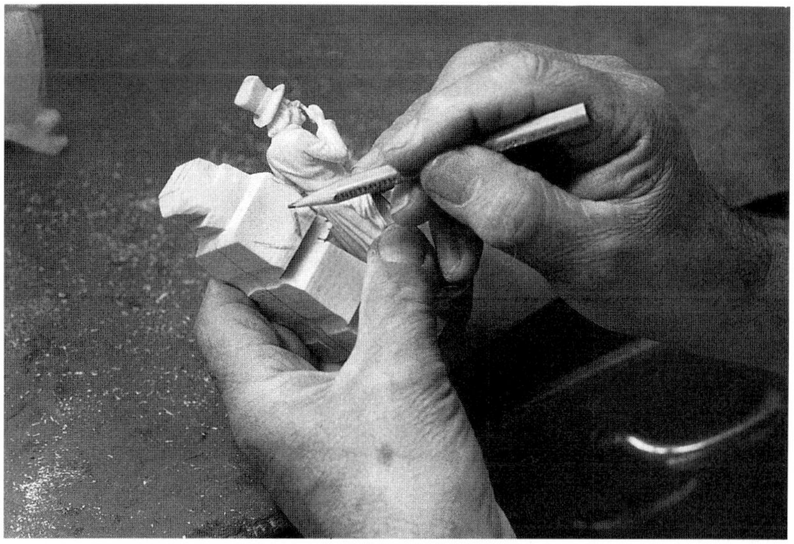

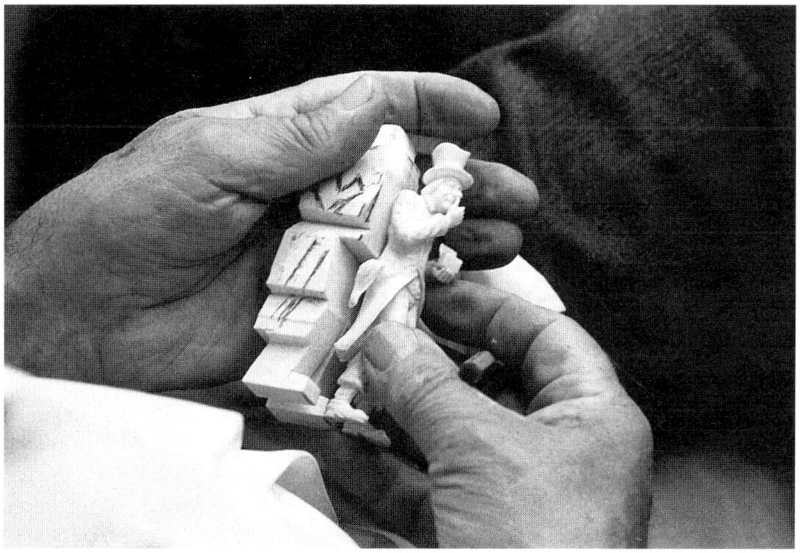

Als ich in Dresden zum »Weißen Hirsch« hinauffuhr, um zum Brunnenbaumeister Heinz Petzsch in die Ullersdorfer Straße zu gelangen, mußte ich an den Satz denken, mit dem Thomas Mann seinen Roman »Joseph und seine Brüder« beginnt: »Tief ist der Brunnen der Vergangenheit.« Er fügt die Frage an: »Sollte man ihn nicht unergründlich nennen?« In der Tiefe dieses gleichnishaften Brunnens der Vergangenheit scheint mir auch die Vergangenheit des wirklichen Brunnens zu liegen, und das Senkblei unserer Forschung lotet da nicht tief genug, um auf den Grund und Ursprung der Entwicklung zu kommen. Wann und wo das erste Erdloch gegraben wurde, um Grundwasser zu schöpfen, wer weiß es?

Ohne brauchbares Wasser können weder Mensch noch Tier noch Pflanze leben. Nicht überall, nicht zu allen Zeiten quillt das Wasser aus der Erde. Und wo findet man es unter der Erde? Der Dresdener Brunnenbaumeister Heinz Petzsch erzählt, daß viel geologisches Wissen, viel Geländekenntnis, viel Erfahrung dazu gehört, wasserführende Schichten in der Erde genau zu orten. Erfahrene Brunnenbauer hätten in den Gebieten, die sie kennen, einen Blick für Geländeformen, die Wasser versprechen. Aber die Lokalisierung eines Brunnens sei und bleibe ein heikler Punkt. Er verschmähe da selbst die Auskunft eines Wünschelrutengängers nicht, wie umstritten ein derart dunkelmännisches Verfahren in unserer wissenschaftsbesessenen Zeit auch sei. Sein Bruder sei ebenfalls Wünschelrutengänger, sagt Heinz Petzsch. Er arbeite als Meister in seinem Betrieb mit, genauso wie sein Sohn – als Brunnenbaumeister.

Im ganzen hat er sechs Mitarbeiter. Allein kann man keinen Brunnen bauen, weder einen Schachtbrunnen noch einen Bohrbrunnen, kaum einen Holzbrunnen mit einer Holzpumpe historischen Stils. Diese seien immer noch gefragt, nicht nur von Gärtnern oder aus nostalgischen Gründen. Nicht weit von seiner Werkstatt entfernt, in Gönnsdorf oder Cunnersdorf, kann man sie sehen, die Holzröhren mit den Pumpenschwengeln, die das Grundwasser zutage fördern, das die Bewohner dieser Orte auf den Elbhöhen dem Leitungswasser vorziehen.

Die herkömmlichen Holzpumpen sind übrigens die einzigen Brunnenanlagen, die Heinz Petzsch in seiner Werkstatt herstellt. Alles andere geschieht vor Ort, vorwiegend auf dem Lande, wo kein Anschluß ans zentrale Wasserleitungsnetz besteht und wo Beregnungsanlagen für Gewächshäuser, Wasserversorgung für Rinder- oder Schweineställe, selbst für industrielle Zwecke nötig sind. Natürlich werden auch Brunnen für die Trinkwasserversorgung gebaut, alte Pumpen erneuert, wo der Grundwasserspiegel absinkt, Freispiegelleitungen durch Brunnen ersetzt, Notwasserbrunnen angelegt. Obgleich gelegentlich städtische Brunnen regeneriert werden – Wasser war und ist ja nicht nur ein Lebens-, sondern in Fontänen und Kaskaden zugleich ein Freudenquell –, liegt die Hauptarbeit des handwerklichen Brunnenbauers heute auf dem Lande.

Der Brunnenbauer muß zwölf Gewerke beherrschen, die bei verschiedenartigen Bauten natürlich nicht alle gleichermaßen erforderlich sind. Es ist ein großer Unterschied, ob man einen Brunnen in märkischem Sand oder in Lausitzer Granit zu bauen hat. In jedem Falle wird nach Ortung der Wasserstelle mit dem Geologen geprüft, ob ein Brunnenbau stattfinden kann, und der Brunnenbauer muß entscheiden, welche Art von Brunnen an dieser Stelle am besten geeignet ist. Nach einem Probeschurf erfolgt der Brunnenausbau, der sich an der angeforderten und angetroffenen Wassermenge orientiert. Dafür gibt es aufgrund der Erfahrungen bestimmte Normative. Die Ergiebigkeit des Brunnens wird gemessen. Reicht sie nicht aus, muß man einen zweiten anlegen. Bevor Pumpen, Druckbehälter, Leitungssysteme ausgebaut werden, ist

ein Pumpenversuch erforderlich. Zu den besonderen Kenntnissen und Erfahrungen, die der Brunnenbauer zur Wassererfassung und -bewertung braucht, gehören Erd-, Maurer- und Installationsarbeiten. Der Brunnenbaumeister muß heute auch Sprengmeister sein.

Der Ururgroßvater, der um 1810 den Grundstein für den Petzschschen Brunnenbaubetrieb legte, war zuvor Bergmann in Freiberg gewesen. Aus diesem Ansatz entwickelte sich eine Dynastie von Brunnenbauern. Heinz Petzschs Urgroßvater hatte achtzehn Söhne, und alle wurden Brunnenbauer. Sein Betrieb ist der einzige, der davon übriggeblieben ist, der aber mit seinem Sohn in die sechste Generation geht. Der handwerkliche Brunnenbau hat neben den teilweise gewaltigen industriellen Anlagen wie Talsperren, Behälter- und Leitungssystemen nach wie vor ein weites Aufgabengebiet. Der Wasserbedarf steigt, und die Bedürfnisse brauchen bis ins Spezielle und Individuelle eine angepaßte und sparsame Befriedigung.

Rauchen
verboten!

80

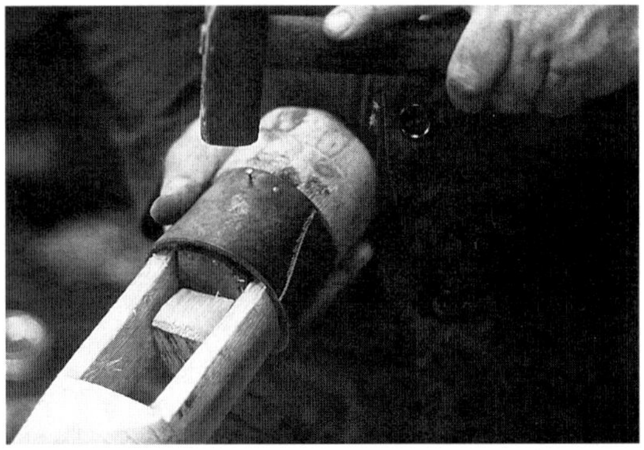

Die Zeit und ihre Messung ist für das menschliche Dasein von fundamentaler Bedeutung. Von Anfang an sahen sich die Menschen mit Geburt und Tod, mit Werden und Vergehen konfrontiert. Alles vollzog sich in der Zeit. Ja, man könnte sagen, Leben ist genutzte oder versäumte Zeit. Unsere Vorfahren gewannen ihren Zeitbegriff aus den Bewegungen der Natur, insbesondere aus den regelmäßig wiederkehrenden Erscheinungen. Tag und Nacht, Sonnenauf- und -untergänge, der Mond in seinen Phasen und andere kosmische Erscheinungen dienten, die Zeit faßlich darzustellen. Die Frage der Zeit und ihrer Messung hat die Menschheit zur Auseinandersetzung herausgefordert, soweit man ihr Denken zurückverfolgen kann.

Das Grundlegende für die Zeitbestimmung geht ins Unendliche, die Grundlagen für ihre Messung haben indessen genaue irdische Ortung nötig. Bei uns den 15. Grad östlicher Länge, der fast durch Horst Landrocks Haus am Rande von Zittau geht. Es kann hier nicht dargelegt werden, wie wir zu unserem heute gültigen Kalendarium gelangt sind. Wir haben unsere Jahre mit ihren zwölf Monaten, zweiundfünfzig Wochen, dreihundertfünfundsechzig Tagen – mit einem Schaltjahr alle vier Jahre –, das Ganze ist eingepaßt in den Erdumlauf um die Sonne, die Stunde schlägt uns doppelt zwölfmal am Tage, doppelt zwölfmal vergehen sechzig Minuten zu je sechzig Sekunden. Das ist das Herkömmliche, das jedem Uhrmacher vorausgesetzt ist, mit dem wir alle wie mit etwas Selbstverständlichem aufgewachsen sind. Aber Horst Landrock weiß als Mitglied der Genfer Weltzeitkommission, daß dieses Herkommen fragwürdig ist, seit sich das dekadische Maßsystem in der räumlichen Dimension weltweit durchgesetzt hat und seit moderne Bedürfnisse das Zeitmaß weit unter die Sekundengrenze drückten. Nun hat die Sekunde eben nicht zwölf Zwölftel, sondern zehn Zehntel, hundert Hundertstel und so weiter. So ergibt sich jetzt unterhalb der Sekunde ein modernes dekadisches Maßsystem und oberhalb der Sekunde ein herkömmliches Zwölfersystem.

Das bildet für Horst Landrock schon eine ernste Herausforderung, die sowohl eine theoretische Seite hat als auch eine eminent praktische, nämlich ein in Jahrhunderten ausgeprägtes, weltweit gebräuchliches mechanisches Uhrensystem, das nach wie vor gegenüber modernen, mikroelektronisch gesteuerten Zeitmessern dominiert und nicht ohne weiteres auf das dekadische System umgestellt werden kann. Aber die modernen Uhren nehmen ständig zu, die mechanischen ständig ab.

Trotzdem, da bleibt noch die weltweite Gewohnheit. Das Leben verläuft in Stundenrhythmen. Man geht Stunden zur Arbeit, zur Schule. Sind diese Quanten von heute auf morgen zu verändern, ohne bei den dekadischen Stunden in die Brüche zu kommen? Und dennoch sieht es so aus, als würden wir die Zeit eines Tages mit einem dekadischen System messen, weil es die moderne Produktions- und Lebensweise erfordert. Dann schlägt's weder elf noch zwölf, geschweige denn dreizehn, nur in Geschichten aus vergangener Zeit.

Vorher gibt es viele Probleme zu bedenken, ehe man an den Bau einer derartigen Uhr gehen kann. Horst Landrock hat viel mehr bedacht, als ich hier anzudeuten vermag, für die Zukunft der Uhren wie für ihre Vergangenheit. Er trug eine einzigartige Sammlung von Zeugnissen zusammen, die den Werdegang des Uhrmacherhandwerks belegen. Die Geschichte der Zeitmessung ist nichts ohne die Geschichte der Mechanismen, die eine immer genauere Einteilung der Zeit in bestimmte Einheiten, die einander folgen, mitvollziehen. Der Uhrmachermeister erwarb sich um die Erfassung und Darstellung dieses Prozesses außerordentliche Verdienste und internationale Anerkennung. Seine Sammlung und seine reparierende und restaurierende handwerkliche Arbeit beziehen sich auf die Räderuhr. Was er über die Zukunft dieses Uhrensystems äußerte, war uns ein triftiger Grund, Horst Landrock in diesen Band aufzunehmen, obwohl eine bedeutende Industrie moderne Uhren produziert und ein weitverzweigtes Handwerk sie repariert. Daneben gibt es eben einen Horst Landrock, der da sagt: »Mit der Elektronik beginnt ein neuer Abschnitt in der Geschichte der Zeitmesser. Das Zeitalter der Räderuhr nähert sich seinem Ende. Mechanische Uhren werden in nicht allzu ferner Zukunft nur in Museen und Sammlungen zu sehen sein. Dort werden sie weiterhin von der Handwerkskunst und dem erstaunlichen Können der Meister

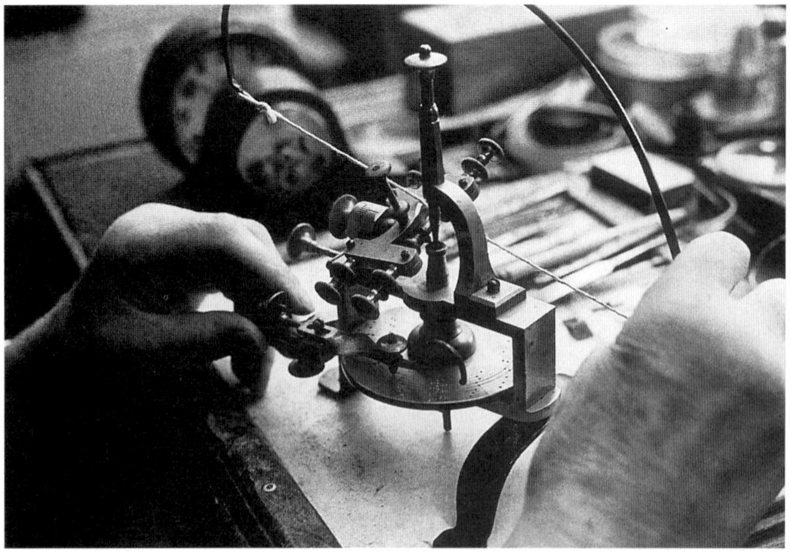

vergangener Jahrhunderte künden, die vielfach Pioniere ihrer Zeit waren.«

Aber wie noch immer Sonnenuhren an Häusern oder in Parks, Sanduhren als Eieruhren in Küchen anzutreffen sind, kann ich mir auch mechanische Turmuhren, Wanduhren, Tischuhren, Taschenuhren, Armbanduhren, gar kunstvolle Uhren mit exquisiten Accessoires als Extravaganzen sehr gut denken. Hier wäre der mechanische Uhrmacher als Reparateur wie als Produzent, der historische Techniken beherrscht, durchaus vorstellbar. Diese Prognose ist vielleicht etwas verfrüht, doch in Zukunft sicher einmal notwendig, damit nicht nur Horst Landrocks kostbare Sammlung historischer mechanischer Uhren von einstigen Handwerkskünsten kündet, sondern die Fähigkeiten und Fertigkeiten im Schwange bleiben, die er heute noch repräsentiert.

Die Fertigkeiten, mit alten Uhren umzugehen, kommen bei Horst Landrock nicht von ungefähr. Er verkörpert handwerkliche Traditionen in der zwölften Generation. Seit dem 16. Jahrhundert waren die Landrocks als Schwert- und Nagelschmiede, Hufschmiede oder Schlosser tätig. Horst Landrock selbst lernte in Dresden beim Hofuhrmacher. So war der Kontakt zur Pflege und Reparatur wertvoller Renaissance- und Barockuhren von vornherein hergestellt. Der Lehre schloß sich noch die Wanderschaft an, die den Blick des jungen Uhrmachers weitete. 1922 begann Horst Landrocks Sammeltätigkeit mit der Suche nach einer alten Spindeluhr. Sohn und Enkel führen die Handwerkstradition der Landrocks fort. Beide sind gleichfalls Uhrmacher und Sammler, Quarzuhren sollen sie zusammentragen. Die Landrocks bleiben im Handwerk, und sie gehen mit der Zeit.

Wenn man nach Bad Muskau fährt, denkt man zuerst an den Fürsten Pückler, der hier die parkomane Seite seines abenteuerlichen Lebensstils bis zum finanziellen Ruin ausgelebt hat. Doch mein Weg führt mich zu Peter Wieczorek, dem Glasschleifermeister. Bad Muskau ist dieser Zweig der Glasbearbeitung zweifellos als ein Seitentrieb der Niederlausitzer Glasfabrikation zugewachsen, die in Rietschen, Weißwasser und Döbern ihre Zentren hatte und hat. In Rietschen war im vorigen Jahrhundert ein Sproß der Familie Greiner, die an der Entstehung und Verbreitung der Glasherstellung und -bearbeitung im Thüringer Wald großen Anteil hatte, seßhaft geworden.

Während in Thüringen in starkem Maße technisches und optisches Glas hergestellt wurde, konzentrierten sich die Vereinigten Lausitzer Glaswerke mehr auf hauswirtschaftliches Gebrauchsglas. Und sie fanden in Wilhelm Wagenfeld einen Mann, dessen Formgebung das Lausitzer Glas weltweit berühmt und begehrt machte. Die beispielgebende Arbeit Wilhelm Wagenfelds ist auch für Peter Wieczorek anregend geworden. Seine Familie steht mütterlicherseits in der Lausitzer Glasmachertradition. Er ist in Döbern geboren, hat bei der Firma Tillack in Bad Muskau gelernt und 1968 die Firma Schiller übernommen, um den Vasen, Schalen, Kelchen und was er sonst aus Döbern zur Veredelung geliefert bekommt, eigene Schmuckvorstellungen einzuschleifen.

Der Werkstoff Glas war bereits sechstausend Jahre vor unserer Zeitrechnung in Ägypten bekannt. Aber erst im vergangenen Jahrhundert begann eine explosionsartige Ausbreitung der Glasfabrikation. Der harte, spröde, durchsichtige, hitze- und korrosionsfeste Schmelzfluß aus Quarzsand, Soda und Metalloxiden eroberte im häuslichen wie industriellen Gebrauch immer neue Bereiche. Dieser Prozeß ist noch lange nicht zu Ende. Glas ist ein Werkstoff der Zukunft.

Einst gelangte, was kundige Adepten geheimnisumwittert in ihren Häfen schmolzen, Glasbläser in der Hütte mit langen Metallpfeifen gefühlvoll im Momente des Erstarrens formten, Glasmaler und Glasschleifer oder Graveure veredelten, meist als Kostbarkeit auf herrschaftliche Tafeln. Der Erfinder des begehrten Rubinglases, Kunkel, hatte ein ähnliches Ansehen und Schicksal wie wenig später der Erfinder des europäischen Porzellans, Böttcher.

Heute finden wir schönes Glas in vielen Haushalten. Peter Wieczorek weist darauf hin, daß für seine Arbeit außer der Beschaffenheit des Materials, der Technologie, die er zur Verfügung habe, der ästhetischen Formgebung, die er vornehme, auch die ökonomischen Erfordernisse betrachtet werden müssen. Er habe zu bedenken, ob er ein bestimmtes Produkt im Rahmen der vorgegebenen Preise herstellen könne, und müsse wissen, was im Handel besonders begehrt werde. Der Bedarf an traditionellen Formen im Schliff überwiegt.

Setzt der Schleifer sich an die Kuglerwerkstelle, um mit der vertikal rotierenden Scheibe den Grobschliff anzubringen, hat er eine bestimmte Vorstellung des Musters im Kopf. Trotzdem muß er jeden Kelch, jede Vase genau ansehen, ehe er seine erste Kerbe in das Glas schneidet. Möglicherweise sind Schlieren oder Einschlüsse im Material durch den Schliff zu beseitigen und so die Qualität der Produktion anzuheben. Beim Ansatz des Schliffs ist er frei, danach binden ihn die Proportionen des Dekors, das er mit Augenmaß und Handgefühl auf den Hohlglaskörper bringt. Der Feinschleifer ist ebenso der Vorgabe des Grobschleifers, des »Kuglers«, verpflichtet wie der Polierer.

In diese Bearbeitungsfolge – Aufreißen, Feinschleifen, Polieren und Karieren – hat Peter Wieczorek auch bereits seinen Sohn eingereiht, damit die selten gewordene Handwerkskunst des Glasschliffs im Lausitzer Raum erhalten wird, denn die kleinen, exquisiten Serien bleiben neben den großen industriell zu produzierenden nach wie vor begehrt. Das Glasbläser-, -schleifer- und -schreiberhandwerk wird in technischer, vor allem aber in künstlerischer Produktion seinen eigenständigen Platz behaupten. Peter Wieczorek ist einer der seltenen Handwerker, die solche Arbeitstechniken noch mit Erfolg praktizieren.

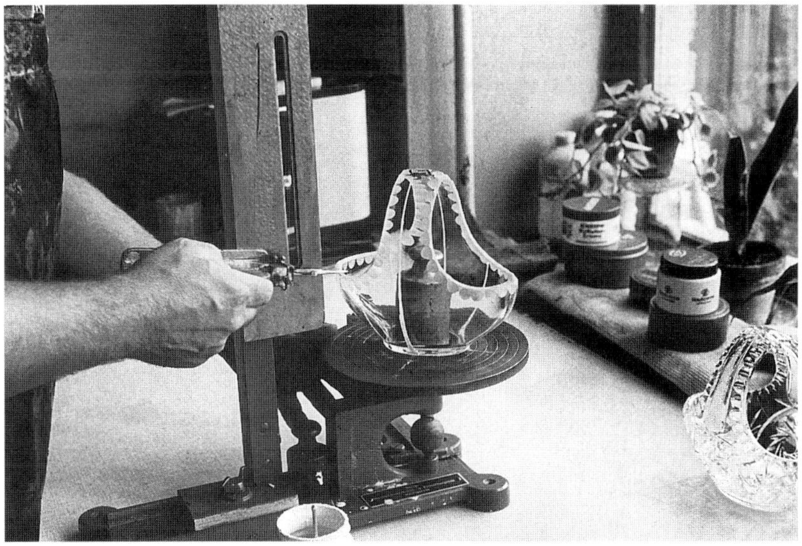

Als der Spreewald ein noch von unzähligen Wasserläufen durchzogener Urwald war, schilderte der Chronist des Königs Heinrich I. und des Kaisers Otto I., Widukind von Korvey, die dort siedelnden Menschen so: »Es ist ein harter Menschenschlag, gewöhnt an Mühe und Arbeit bei bescheidenster Lebenshaltung, was anderen eine Last ist, ist ihnen ein Vergnügen.« Er meinte die in dieser Gegend ansässigen Sorben. Das undurchdringlich erscheinende Waldgebiet gewährte den Randbewohnern in Zeiten herrschaftlicher Fehden und beutegieriger Streifzüge, wie sie in der Feudalzeit an der Tagesordnung waren, Unterschlupf, und die so Verborgenen werden die Fama, der Spreewald sei ein Zauberwald, zu schätzen gewußt haben. Die Ansiedler, die Friedrich II. später in die Spreewaldaue zwischen Cottbus und Lübben und hinter Lübben vorrücken ließ, um das Gebiet urbar zu machen, müssen aus ähnlichem Holz geschnitzt gewesen sein, ob es sich nun um ausgediente Soldaten seiner Armee handelte oder um Emigranten, denen er Zuflucht bot.

Um 1800 dedizierte der Spreewaldreisende Friedrich Christian Franz den Spreewäldern die Eloge, »diese rauhe und unfruchtbare Gegend durch Anstrengung und Fleiß schöner, fruchtbarer und wohlhabender gemacht« zu haben. Eine Leistung bestand darin, die natürlichen Wasserläufe zu einem Wasserstraßensystem zu kultivieren. Und das Gefährt auf diesen Straßen war der Spreewaldkahn. Als ich im zeitigen Frühjahr die Werkstatt des Kahnbauers Karl Kolkwitz suchte, sah ich sie allenthalben liegen an den Ufern der Fließe, wie die Wasserfahrstraßen im Spreewald heißen. Die Kahneigner sind Mitglieder der Kahnfährgenossenschaften,

die dem enorm angewachsenen Tourismus dienen, oder Spreewaldbauern, die nach wie vor ihren Dung und ihre Saat mit den Kähnen auf die oft Gartenbeeten ähnelnden Felder schaffen und auf denselben Wegen ihre Früchte heimbringen. Meist sind es wirklich Gartenfrüchte – Gurken, Zwiebeln, Kürbisse und dergleichen.

Der Spreewaldkahn ist zwischen sechs und neun Meter lang, jedoch nicht breiter als einen Meter, neunzig Zentimeter. »Längere habe ich schon gebaut, breitere nicht«, erläutert Karl Kolkwitz. Das liege an der Enge der Fließe. Aber nicht nur schmal, auch flach müssen die Kähne sein, wenn man überall mit ihnen hinkommen will. Der kiellose flache Spreewaldkahn ist den Wasserbedingungen dieses Gebietes ideal angepaßt. Er wird derzeit noch in drei Handwerksbetrieben hergestellt: bei Karl Kolkwitz, der den seit 1912 bestehenden Betrieb von Max Neumann, seinem Schwiegervater, übernommen hat, bei Max Petrik in Raddusch und bei Albert Lubkoll in Lübbenau, der vor allem Metallkähne sowie Ruderboote, Kajütboote und Prähme als Sonderanfertigung herstellt.

Karl Kolkwitz baut den klassischen Spreewaldkahn aus Holz, der mit dem »Rudel« vorwärtsgestakt und gelenkt wird. Nicht jedes Holz eignet sich dafür. Der Kahnbauer verwendet Kiefer oder Fichte. Die Bäume sucht er gemeinsam mit dem Förster in den Lausitzer Wäldern bis hin ins Elbsandsteingebirge aus. Ein speziell auf Kolkwitz' Notwendigkeiten eingestelltes Sägewerk schneidet die Bretter auf genaue Länge und Breite. Dann müssen sie ein Jahr trocknen, ehe er sie in der Werkstatt abrichten, durchhobeln und spunden kann. Kreissäge, Bandsäge, Fräs-, Hobel- und Abrichtmaschine nutzt er für die Arbeit. Gebogen werden die Bretter aber nach wie vor in herkömmlicher Weise mit Feuerholz und Spreewasser draußen am Fließ. Im Winter steht jetzt warmes Wasser aus der Leitung zur Verfügung. Die gespundeten Bretter fügt man mit Nut und Feder aneinander. Sie müssen so präzise gearbeitet sein, daß das Gefüge wasserdicht ist. Trotzdem wird sicherheitshalber noch eine abdichtende Schnur eingefügt. Die Kahnnägel, geschmiedete, rechteckige Breitkopfnägel, bezieht Karl Kolkwitz aus Oberschönau, dem traditionellen Nagelschmiedezentrum. Rudel und Bänke für die Personenkähne fertigt er selbst an. Rettungsringe und Feuerlöscher, der Sicherheit dienend, gehören zur Ausstattung. Wirtschaftskähne, Fischkähne und Personenkähne entstehen auf die gleiche Weise. Auch außerhalb des Spreewaldes sind die Kähne begehrt, als Ruderboote. Aber mehr als fünfzig bis sechzig Kähne im Jahr, davon acht bis zehn größere, kann Karl Kolkwitz mit seinem Gehilfen nicht schaffen. So muß mancher Wunsch unerfüllt bleiben. Die drei Werkstätten im Spreewald haben zu tun, die auszurangierenden Fahrzeuge zu ersetzen.

Ein Spreewaldkahn aus Holz hält etwa zwanzig Jahre – bei angemessener Pflege und Wartung. »Die Metallkähne haben eine längere Lebenserwartung«, versicherte Albert Lubkoll, als ich ihn besuchte. »Das hängt natürlich mit von der Pflege und vom Wasser ab, auf dem der Kahn liegt.« Auf der Ostsee könne er mit einer nahezu unbegrenzten Haltbarkeit rechnen. Bei Albert Lubkoll ist aus der besonderen Fertigkeit, Spreewaldkähne zu bauen, die allgemeinere Fähigkeit, Boote nach Kundenwunsch herzustellen, hervorgegangen. So hat er ein Dreikiel-Motorboot mit einer exquisiten Innenausstattung angefertigt, das mit einem Multicarmotor bei drei Liter Benzinverbrauch auf hundert Kilometer eine Geschwindigkeit von achtzehn Stundenkilometern entwikkelt. Wenn jemand einen Spreewaldkahn aus Stahl, Aluminium, Plaste oder Holz bestellen würde – Albert Lubkoll könnte ihn bauen. Dabei stützt er sich auf die mehr als hundertjährige Erfahrung eines Handwerksbetriebes, der vorwiegend, aber nicht ausschließlich Spreewaldkähne schuf. Beim klassischen Spreewaldkahnbau geblieben sind Max Petrik und Karl Kolkwitz, dessen Neffe vermutlich den Betrieb später einmal übernehmen wird, denn eines ist sicher: Der Spreewaldkahn ist keineswegs ein Gegenstand musealer oder nostalgischer Betrachtung, er ist nach wie vor ein Gebrauchsfahrzeug, das notwendig ist, solange das Wasserstraßensystem des Spreewaldes funktioniert. Solange muß der Spreewaldkahnbauer tätig sein. Niemand kann ihn ersetzen.

Es sagt sich leicht, man wolle jemandem das Fell gerben. Doch solch ein Vorsatz ist schwer zu verwirklichen, nicht nur im übertragenen Sinn des Wortes. Manchem schwimmen da die Felle davon! Ich hätte nie gedacht, wie oft eine Tierhaut gesalzen, gewässert und gewalkt, gelaugt und gesäuert, gefettet und entfettet, gefärbt und getrocknet, gespalten und beschnitten werden muß, bis sie gegerbt und nachdem sie gegerbt ist. Der Weg von der Tierhaut zum Leder ist weit, er ist auf mannigfaltige Weise zu begehen. Und es gibt Sackgassen, vor denen man sich hüten muß.

Leder ist die gegerbte Tierhaut, gewiß. Aber bis zum Gerben ist ein langer Anlauf notwendig. Er beginnt beim sachgerechten Abziehen der Haut, sei es auf dem Schlachthof oder auf freier Wildbahn. Schäden, die dabei entstehen, sind unkorrigierbar wie die meisten Schäden auf dem weiten Weg. Grundsätzlich können die Häute aller Wirbeltiere gegerbt werden. Von den Vögeln wird jedoch nur gelegentlich die Straußenhaut, von den Fischen die Haifischhaut, von den Reptilien die Krokodil-, Schlangen- und Eidechsen- beziehungsweise Ochsenfroschhaut verwendet. Im Kirchhainer Weißgerbermuseum kann man Belegstücke dafür betrachten – wie für vieles, was die Gerberei in ihrer technischen und sozialen, vor allem lokalen Entwicklung betrifft. Eine Haut ist dann für die Lederherstellung geeignet, wenn sie großflächig, fest und in ausreichenden Mengen verfügbar ist. Dem entsprechen am besten die größeren Säugetiere Rind, Pferd, Ziege, Schaf und Schwein.

Arno Wolf erklärte mir, als ich ihn in seinem Doberlug-Kirchhainer Betrieb besuchte, daß in der Deutschen Demokratischen Republik und auch in seinem Handwerksbetrieb besonders dem Schweinsleder Aufmerksamkeit geschenkt worden sei. Es sei durch spezielle Verfahren außerordentlich vielfältig einsetzbar und veredelbar geworden. Doberlug-Kirchhains bedeutende Tradition als Lederstadt beruhe allerdings weder auf der Schweine- noch auf der berühmten Kuhhaut, sondern auf dem Schaffell. Das hatten sich die Gerber zunächst mit den Kürschnern zu teilen, bis die Gerber die Oberhand gewannen – in Doberlug-Kirchhain. Die Konkurrenz ums Fell können beide Seiten durchaus bestehen, denn es gilt die Regel: Je besser die Wolle, desto schlechter das Leder. So konnte jeder auf seine Kosten kommen.

Seit 1824 verfügt Doberlug-Kirchhain über eine selbständige Innung der Gerber. Aber bereits vorher waren sie ein mächtiger Berufsverband in der Stadt. Im 18. Jahrhundert stellten sie sogar einen Bürgermeister. Die Dresdener Innung widersetzte sich lange erfolgreich allen Loslösungsversuchen der Doberlug-Kirchhainer. Diese hatten neben den Schaffellen, die ihnen die Herden der umliegenden Weiden garantierten, und den Baumrinden der ausgedehnten Wälder als Gerbmittel den Vorzug eines weichen, nicht eisenhaltigen Wassers, das ihnen die vorbeifließende Kleine Elster spendete. Solches Wasser ist für den Gerbprozeß unentbehrlich. Eisen im Wasser verdirbt das Leder. Auch heißes Wasser – über vierzig Grad – verleimt das für die Lederherstellung entscheidende Kollagen irreversibel.

Die Wasserwerkstatt ist bis heute das erste geblieben, wohin die abgespeckten Häute beim Gerber gelangen. Das Wässern im Fluß, das einst im Schwange war, ist abgeschafft worden, nicht nur, weil einem dabei die Felle wegschwimmen konnten, sondern weil in der Wasserwerkstatt wesentlich schneller und zielgerichteter gearbeitet werden kann unter Einsatz wechselnder Chemikalien. Der Name Wasserwerkstatt ist treffend, denn bis zur Gerbung verlaufen alle Prozesse in wäßrigen Lösungen, in wechselnden, oft Gegensätzliches bewirkenden, aber immer wäßrigen. Auf diesem Wege werden Weichen gestellt für die Beschaffenheit des Leders, das in vielfachen Variationen entstehen kann, abhängig vom Ausgangsmaterial, vom Arbeitsverlauf, vom Können und von der Erfahrung des Gerbers, auch nach Maßgabe der Zweckbestimmung.

Arno Wolf beschrieb mir einen charakteristischen Durchlauf in seinem Betrieb am Beispiel der bei ihm überwiegend bearbeiteten Schweinshäute. Die meisten bekommt er aus der industriellen Schlachtung der Schlachthöfe. Dort werden die Häute nach einem besonderen Verfahren gebrüht, um die Borsten zu gewinnen, dann wird das Kernstück aufgezeichnet, abgezogen, nachentspeckt und mit Kochsalz konserviert. Diese Kernstücke, auch Croupons genannt, bezieht Arno Wolf ebenso wie die fünfzehn volkseigenen und anderen fünfundfünfzig handwerklichen Gerbereien, die es in unserem Lande gibt, von der VEAB, wie der Volkseigene Erfassungs- und Aufkaufsbetrieb für landwirtschaftliche Erzeugnisse kurz heißt. Er wisse die Zahl der Betriebe genau, meint der Gerber, sie seien eine große Zunft, und das weltweit.

Die sogenannte Grünmasse, die er kauft, wird auf ihre Verwendungsmöglichkeit hin geprüft, nochmals maschinell abgespeckt und im Walkfaß mit einem Lösungsmittel und warmem Wasser weiter entfettet. Dann kommen die Croupons in den Äscher, wo in einer Schwefelnatriumlösung die Oberhaut und – falls noch vorhanden – die Borsten zerstört werden. Im Kalkäscher führt man eine Schwellung der Haut und eine Fettverseifung herbei. Dieser Prozeß hat Einfluß auf die Weichheit des Leders. Zwischen den

verschiedenen Äscherstufen ist es notwendig, die Haut gründlich zu spülen, um Restchemikalien auszuschwemmen. Um die Arbeit rationell zu gestalten, neigt man dazu, mehrere Prozesse im selben Gefäß zu vollziehen und nur die »Brühe« zu wechseln. Bei Arno Wolf werden dafür große rotierende Fässer verwandt. Früher waren mehr Gruben und Bottiche gebräuchlich. Da mußte man die Häute jeweils weiter transportieren. Ganz ohne Transport geht es natürlich auch heute nicht. Deshalb ist eine sinnvolle Anlage der Werkstatt wichtig. Die Äscherprozesse erfordern bei Arno Wolf etwa zwei Tage. Dabei stehen die Konzentration der Chemikalien und die Ablaufzeit im Zusammenhang. Die jeweils gewählte Variante hat Auswirkungen auf das Endprodukt.

Dem Äschern folgt die sogenannte Entkalkung, eine Behandlung der Croupons mit Säuren oder leichtsauren Salzen, wodurch der pH-Wert des Wassers von etwa 12,5 auf 7,5 bis 8,5 gesenkt wird. Danach werden die Häute gebeizt. Früher wurde dafür eine Lösung aus Hunde- oder Taubenkot verwendet. Jetzt ist ein Enzym gebräuchlich, das aus der Rinderbauchspeicheldrüse gewonnen wird. Es bewirkt eine Reduzierung der Hautschwellung und macht die Haut geschmeidig. Je stärker die Beize, desto weicher die Haut. Im geschwollenen Zustand hat man bei älteren Verfahren oft mit Gerberbaum und Scheerdegen die Oberhaut und Unterhaut von der eigentlichen Lederhaut gespalten. Nun erfolgt das maschinell mit Messerwalzen spezieller Konstruktion, wenn es überhaupt an dieser Stelle des Prozesses geschieht und nicht erst nach dem Gerben, wie in Doberlug-Kirchhain.

Nach dem Beizen werden die Croupons dem sogenannten Pickel anvertraut, einem Salzsäurebad. Damit wird eine Sauerstellung der Blößen bezweckt, was den eigentlichen Gerbprozeß begünstigt, der sich anschließt. Als Gerbverfahren ist heute weitgehend die Chromgerbung geläufig, bei der ein Chromsalz als Gerbstoff wirkt. In einem chemischen Prozeß verwandelt sich das Kollagen der Haut in eine stabile, nicht mehr faulende Substanz, eben Leder. Dieser Vorgang ist unumkehrbar. Außer Chromsalzen und anderen mineralischen Stoffen werden für bestimmte Zwecke noch pflanzliche Stoffe, Fette und Aldehyde eingesetzt. Vorzeiten kannte man hauptsächlich die Lohgerberei, die mit Baumrinden arbeitete, und die Weißgerberei, die Mineralien, vorwiegend Alaun, benutzte. In Doberlug-Kirchhain waren beide Verfahren im Schwange. Daneben gab es stets die Fettgerbung, auch Sämischgerbung genannt. In allen Fällen gilt die »goldene Gerberregel«, daß der Prozeß mit langsamer wirkenden Lösungen beginnt und mit hochwirksamen endet. Das ist nötig, damit die Haut nicht nur äußerlich, sondern bis in die Tiefe gegerbt wird. Nach dem Gerben werden die Häute ausgespült, getrocknet, beschnitten und nach Qualität geordnet.

Dann wird das Leder gespalten. Dafür hat die Doberlug-Kirchhainer Einkaufs- und Liefergenossenschaft eine Gemeinschaftseinrichtung zur Verfügung, eine Maschine, die eine saubere und genaue Trennung der Haut in den Ober- und Unterspalt gewährleistet. Sie steht in der Lederhalle, die von der Doberlug-Kirchhainer Gerberinnung um die Wende zum 20. Jahrhundert erbaut wurde, um eigene Ledermessen abhalten zu können. Man traute dem Ruf Doberlug-Kirchhains als Lederstadt genug Zugkraft zu, um die Kunden von der Leipziger Messe an die Kleine Elster zu locken. Nach dem Spalten wird nochmals sortiert, ehe das Leder gefärbt und gefettet wird. Die Farbe gibt der Verarbeiter vor. Schwarz ist das Schwierigste in der Lederfärbung, die mit speziellen Anilinfarbstoffen arbeitet. Es folgt eine langsame, milde Trocknung mit Wind, Wärme und Sonnenschein. Schließlich wird das getrocknete Leder im Walkfaß wieder geschmeidig gemacht, ehe es ausgereckt, beschnitten, maschinell bemessen, nach Nutzfläche der einzelnen Lederarten zusammengelegt und versandt wird.

Die Gerberei Wolf liefert ihre Erzeugnisse überwiegend an den Volkseigenen Betrieb Leder- und Plastverarbeitung Dresden, der daraus Arbeitsschutzartikel wie Faust-, Dreifinger- und Fünffingerhandschuhe herstellt. Die Wolfsche Gerberei besteht seit 1918 in Doberlug-Kirchhain. Der Großvater Arno Wolfs, Landwirt, kaufte die Gerberei und betrieb Landwirtschaft und Handwerk nebeneinander. Er war überhaupt ein unternehmender Mann, hat den Bau einer Turnhalle initiiert, weshalb die Stadt eine Straße nach ihm benannte. Sein Sohn hat dann schon Gerber gelernt und 1928 mit achtundzwanzig Jahren den Betrieb übernommen. Unter seinen vier Kindern war Arno Wolf der einzige Sohn, und er fühlte sich zunächst als Leichtathlet gefordert und gefördert. Er wurde als Hochspringer bekannt. Aber schließlich ist er doch in den väterlichen Beruf und Betrieb hineingewachsen, und er gewann Freude daran, die vielfältigen, verschiedenartigen Vorgänge in der Gerberei meistern zu lernen. Heute hat er einen sicheren Griff und Blick dafür, was einem Croupon in einer bestimmten Phase des Prozesses nottut, denn bei aller Wissenschaft und ausgeklügelten Technologie – das Fingerspitzengefühl des Meisters ist noch immer unersetzlich, auch für den Meister und Ingenieur Arno Wolf. Seit 1967 führt er den Betrieb, von 1975 bis 1987 war er Vorsitzender der Einkaufs- und Liefergenossenschaft, seine Frau und zwei Mitarbeiter stehen ihm zur Seite bei der Arbeit, und eine seiner drei Töchter ist auf dem Wege zum Gerberingenieur, eine weitere hat Ambitionen für das traditionelle Handwerk. So wird denn in Zukunft mit dem Wolfschen Betrieb in Doberlug-Kirchhain zu rechnen sein, wenn es gilt, die Palette der Lederprodukte zu bereichern, die vom Schuhleder, Bekleidungsleder über den Täschnerbedarf bis zur Vielfalt der technischen Leder geht. Manches lederverarbeitende Handwerk wie Riemer oder Sattler ist nahezu ausgestorben. Dafür hat die Industrie weite neue Bereiche eröffnet. Es müssen viel Wissen, Kunst und Erfahrung zusammenkommen, bis man »auf dem Leder knien« oder »vom Leder ziehen« kann oder was die Spruchweisheit seit Jahrtausenden den gegerbten Häuten und Fellen noch abgewonnen hat. Neben dem industriellen Verfahren behält die handwerkliche Fertigkeit ihre Bedeutung.

Die Musik, eine klassische Kunst, ist von Anfang an begleitet vom Musikinstrumentenbau, einem klassischen Kunsthandwerk. Schöpfer und Interpreten von Musik sind nichts ohne meisterhafte Instrumente, die Möglichkeiten und Grenzen des Musizierens festlegen. Impulse für die Erweiterung des musikalischen Spielraumes müssen also ebenfalls von den Herstellern der Instrumente ausgehen. Davon kann man sich ein Bild machen, wenn man Leipzig besucht. Wäre die sächsische Handelsmetropole nicht Messestadt, würde sie vielleicht Musikstadt genannt, Bach-Stadt. Die Bach-Zeit war musikalische Hochzeit in Leipzig. Das kompositorische und spielkulturelle Erbe des großen Thomaskantors Johann Sebastian Bach ist für die Leipziger Musikwelt eine verpflichtende Aufgabe, die auch für Instrumentenbauer anregend wirkt.

Sie hat die beiden Metallblasinstrumentenbauer Friedbert und Frank Syhre – Vater und Sohn – zu Instrumenten inspiriert, die alte Klangstimmungen mit moderner Spielkultur in Einklang bringen. Ein Problemfeld für Bläser waren immer hohe Hornpartien wie in der h-Moll-Messe von Johann Sebastian Bach. Oft wurden solche Partien von Trompeten in der angegebenen Höhe, mitunter von Hörnern eine Oktave tiefer gespielt. Beides konnte musikalisch nicht befriedigen. Das betrachteten die Syhres als eine Herausforderung. Auf Anregung des Solisten Professor Ludwig Güttler entwikkelten sie ein Diskanthorn in D sowohl mit rechtsgriffigen Ventilen – für Trompeter – als auch mit linksgriffigen Ventilen – für Hornisten –, mit dem jene Partien in der Originallage geblasen werden können.

Inzwischen haben die Syhres das Horn-Sortiment erweitert. Mit dem Bau der ersten rechtsgriffigen Diskanthörner in D und B sowie linksgriffiger Doppelhörner in B und F leisteten die Werkstätten Friedbert und Frank Syhres eine Pionierarbeit für die Pflege des Bach-Erbes. Darüber hinaus können weitere Werke der Bach-Zeit mit diesem Instrumentarium erschlossen werden.

Die Musiker waren von dieser Leistung begeistert. Ludwig Güttler schrieb den Syhres: »Diese Instrumente stellen eine absolute Neuheit dar. Durch ihre Berücksichtigung von aufführungspraktischer Anforderung, instrumententechnischer Anpassung an den heutigen Interpreten, Berücksichtigung der historisch instrumentalen Vorgaben und der daraus resultierenden idealen Verwendung, stellt dieses Instrumentarium im Augenblick selbst den Weltstandard dar.«

Der Gewandhauskapellmeister Kurt Masur lobt die Syhreschen Instrumente als »zuverlässig und leioht in der Anspra-

che und besonders rein in der Intonation«. Und der heutige Thomaskantor Hans-Joachim Rotzsch beglückwünscht Friedbert Syhre zu dem Erfolg, »der erwachsen ist aus hervorragendem fachlichem Können und an Besessenheit grenzender Hingabe«.

Ohne diese Besessenheit wäre Friedbert Syhre wahrscheinlich nie auf die Idee gekommen, bei dem Leipziger Metallblasinstrumentenbauer Forcher die Fertigkeit zu erwerben, Messing oder Neusilber zum Zwecke einer idealen Tonbildung zu formen. Und daß er die Fertigkeit meisterhaft ausgebildet hat, wurde ihm in Markneukirchen bescheinigt, im VEB Blechblas- und Signalinstrumentenfabrik, bevor er sich 1961 in Leipzig selbständig machte. Nicht alte Familientradition führte ihn auf den Weg – er stammte aus einer Goldschmiedfamilie –, sondern die Leidenschaft, der Musik mit exquisiten Instrumenten zu dienen. Nun sind schon seit der Barockzeit anregende Verbindungen zwischen Goldschmieden und Musikinstrumentenbauern bekannt, und in der Familie Syhre ist das auch heute so. Friedbert Syhres Schwester, Erika Schäfter, führt das angestammte Familiengewerbe der Syhres weiter und harmoniert mit dem Bruder in Gestaltungsfragen.

Frank Syhre folgte seinem Vater später auf dem Weg. Er lernte den Musikinstrumentenbau ebenfalls in Markneukirchen und eröffnete 1980 in Leipzig einen eigenen Betrieb, unter demselben Dach wie sein Vater. Auch Frank Syhre spürt wie sein Vater Lust und Befähigung zum Gestalterischen, ja zum Bildnerischen, was beide veranlaßt, Kontakt zu den bildenden Künsten zu suchen und zu halten. Die Goldschmiedetradition erweist sich als eine Macht!

Bei meinem Besuch in der Cöthner Straße in Leipzig-Nord gewann ich den Eindruck, die Betriebe von Vater und Sohn offenbaren in ihren Produkten ein recht identisches Aussehen. Friedbert und Frank Syhres Trompeten zeigen gleichermaßen ein neues Design, haben austauschbare Mundrohre, wodurch es möglich wird, eine C- und eine B-Trompete in einem Instrument zu vereinigen, haben neuartige Stege, Gummiauflagen auf den Deckeln, die ein Wegrutschen der Instrumente verhindern. Aber was ist bei einem Musikinstrument schon der optische Anschein – den Ausschlag geben die akustischen Feinheiten, und die entdecken eben nur die Spitzenmusiker. Schaffen muß sie der Musikinstrumentenbauer, und ohne musikalisches Gehör ist kein Spitzeninstrument zu bauen, meinte Frank Syhre. So ist es nahezu selbstverständlich, daß beide Syhres auch selbst musizieren.

Doch das Gehör gibt ja nur Auskunft über verwickelte Vorgänge der schwingenden Luftsäule, die zur Tonbildung führt. Das tiefe Wissen um die musikalischen Abläufe, das auf einer ständig erneuerten Erfahrung basiert, gestattet dem Instrumentenbauer, gewünschte Tonbildung durch entsprechende Materialveränderungen zu bewirken. Diesen Hort des Wissens und Könnens verwalten Vater und Sohn gemeinsam, und das ist wohl der tiefste Grund der Identifikation beider Werkstätten, trotz mancher Eigenarten, die jeden der Meister kennzeichnen und auszeichnen und vom anderen unterscheiden. Es ist wichtig, herauszufinden, wo die Schwingungsknoten liegen, meinte Frank Syhre. Das merke er besonders jetzt, da er sich nach den Erfahrungen mit den Trompeten und Hörnern der Posaune zuwende. Mit Posaunen – Diskantposaunen – befasse sich der Vater nicht. Die errungenen und im musikalischen Leben bewährten Qualitäten des Instrumentenbaues sind in jedem Fall festzuhalten und gegebenenfalls weiter zu verbessern.

Einen konzentrierten Erfahrungsschatz besitzen die Syhres in den Metalldornen, mit deren Hilfe den vorgefertigten Schallstücken die genaue Form und Weite gegeben werden. Ein solcher Dorn ist nicht wiederholbar, sagte Friedbert Syhre. Er verbürgt die Gleichartigkeit der Instrumente in einer Werkstatt, aber ebenso auch ihre Besonderheit im Vergleich zu anderen. Trompeten haben ihre Originalität – ähnlich wie Geigen. Nach dieser Formung auf dem Dorn wird das Instrument mit Blei ausgegossen, kalt gebogen, dann werden die Falten geglättet, schließlich die Ventilzüge gedreht, an die vorgefertigte Zylindermaschine in richtigen Abmessungen angesetzt, die Mundrohre gedrückt, die Wasserklappen gefertigt, die Stutzen gedreht, und am Ende wird das Instrument montiert. Das ist in groben Zügen der Werdegang eines Instrumentes. Will man ihn durchschreiten, muß man drei Berufe beherrschen, den des Schallstückmachers, den des Zylindermaschinenbauers und den des Instrumentenbauers. Zu den großen Schritten kommt dann noch viel Feinarbeit. Die macht man bei den Syhres, davon spricht man nicht.

Doch es gibt nicht nur neue Instrumente zu bauen. Die vorhandenen sind zu warten, zu pflegen und notfalls zu reparieren. Neuerdings haben die beiden Syhres sich der Rekonstruktion wertvoller historischer Instrumente angenommen, die verloren gegangen waren. So bauten sie ein Horn von Gottfried Reiche nach einem Ölbild von Elias Haussmann wieder. Das letzte Horn dieser Art war im Zweiten Weltkrieg abhanden gekommen. Der Leipziger Musikwissenschaftler Dr. Herbert Heide hatte die technischen Daten dafür notiert, und in den Syhreschen Werkstätten entstand nach dem historischen Vorbild im Verlauf von neun Monaten ein neues Instrument. Für das Leipziger Bosehaus sind zwei historische Langtrompeten von Johann Wilhelm Haas und Wolf Wilhelm Haas restauriert worden, und nicht zuletzt haben die Syhres die silbernen Hoftrompeten aus der Zeit Augusts des Starken für das Kunsthandwerksmuseum in Pillnitz rekonstruiert und nachgebaut.

Solche Errungenschaften Syhrescher Musikinstrumentenbaukunst werden mitunter in sogenannten Werkstattmusiken der interessierten Musikwelt präsentiert. Solisten wie Ludwig Güttler oder Peter Damm, Dirigenten wie Hans-Joachim Rotzsch, Peter Schreier oder Kurt Masur sind dem Schaffen von Friedbert und Frank Syhre sehr verbunden. Dieses Interesse weltweit wirkender Musiker macht auch die Leistungen der Syhres weltweit bekannt. Als ich die Werkstatt in der Cöthner Straße besuchte, war Friedbert Syhre gerade im Aufbruch zu einer Ausstellung in der Bundesrepublik Deutschland, wo seine Instrumente starke Aufmerksamkeit erregten. Handwerkliche Arbeit von so schöpferischem Impuls und so exquisiter Ausführung ist nicht nur selten, sondern exemplarisch und namhaft.

Die Feder ist das Gleichnis der Leichtigkeit. Als Mittel menschlichen Schmucks ist sie begehrt von Urzeit an. Vermutlich ging der Federschmuck als Herrschaftszeichen der edelsteinbesetzten Goldkrone voran. Schmuck blieb die Feder bis heute, welchen modischen Wandlungen und kulturgeschichtlichen Anpassungen sie auch immer unterlag. Im Leipziger Betrieb der Gisela Weil kann er jederzeit in jeder Gestalt hervorgebracht werden, denn der phantasievollen Federschmuckgestalterin verschließen sich weder historische Anpassungen noch moderne Originalitäten. Sie versucht, den Gestaltungsspielraum, den die Federn gewähren, mit Kunstfertigkeit in vollem Umfang auszuschöpfen. Ihre Partner sind dabei die Deutsche Staatsoper, die Komische Oper, das Metropol-Theater, der Friedrichstadtpalast, der Palast der Republik, sämtliche Theater der Deutschen Demokratischen Republik, die DEFA, das Fernsehen der DDR, der Staatszirkus, Kulturhäuser und Kulturgruppen, Revuen, Tanzduos, die Bergmannskapellen, Turniertänzer, Künstler, die auf eigene Robe Wert legen.

Von vielen kommen Anforderungen und Anregungen, die meisten wissen die Angebote und Einfälle Gisela Weils zu schätzen. Alle diese Partner brauchen ihren Federschmuck für Auftritte zu bestimmten Zeitpunkten, und da ist nicht nur Originalität, sondern ebenso pünktliche Lieferung gefragt. Gisela Weil muß mit ihren beiden Mitarbeiterinnen oft länger in den Räumen des tristen Hinterhauses aus der Gründerzeit in der Ferlstraße verweilen, als ihr lieb ist. Aber wenn es gelingt, aus dem leichten und doch spröden Material nach vorgezeichneten Figurinen oder eigenen Einfällen mit geübten Händen einen besonderen ästhetischen Akzent in einem optischen Ensemble zu setzen, dann sieht sie ihre Mühe belohnt. Das Ausgangsmaterial ist knapp und teuer. Gisela Weil verwendet

vorwiegend Straußenfedern, Marabudaunen, Hahnenschlappen und Hahnenhalsfedern, Pfauenfedern, Fasanenfedern. Reiherfedern, Paradiesvogelfedern oder Adlerflaum bleiben derzeit ein Federschmückertraum. Für Federn gibt es bis dato keinen künstlichen Ersatz, da ihre Duftigkeit und Grazilität unerreichbar sind. Was sonst noch gebraucht wird, sind Draht, Garne und Farben. Arbeitsmittel sind scharfe und stumpfe Messer, Scheren, Zangen und vor allem Hände mit speziellen Fertigkeiten. Maschinen kennt man in diesem Handwerk nicht.

Am Anfang allen Tuns steht ein umfangreicher Reinigungsprozeß, denn der Vogel Strauß ist bei weitem nicht so sauber, wie man sich das gemeinhin vorstellt. Anschließend muß die Feder bei ständiger Bewegung getrocknet werden, damit aus dem nassen Strick wieder eine Feder hervorgeht. Das menschliche Auge liebt die Farbe, also wird die Feder gefärbt, entkielt, geteilt, aufgenäht und zu einer Boa

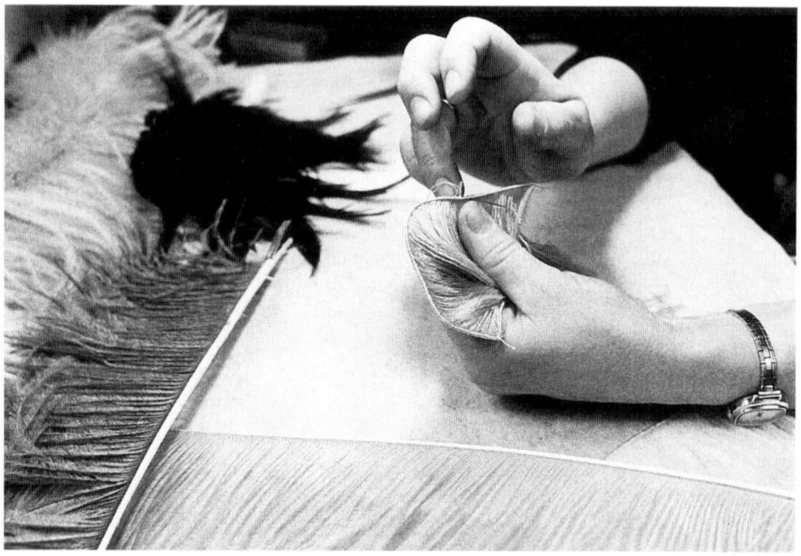

zusammengefügt, zu einem schlangenartigen Gebilde, mit dem tanzende Solistinnen dann Illusionen der Leichtigkeit, des Schwebens hervorzaubern. Weiter entstehen daraus Fächer, Kostümbesätze, Kopfputze, Gestecke, Bergmannsstutze, Federköpfe, um nur eine Auswahl zu nennen. Gisela Weil meint, Federschmuck komme besonders zur Wirkung, wenn er nackte Körper umspielt. Ja, würde ich denken, sofern der Körper danach ist. Spezielle Erfahrungen gehören dazu, Federn so zu färben, daß sie nichts von ihrer Duftigkeit einbüßen und andererseits den Kriterien des Films und des Fernsehens entsprechen.

Gisela Weil fußt bei ihren Arbeiten auf Erfahrungen des Betriebes, den ihr Schwiegervater, Wilhelm Weil, in Leipzig begründete. Ab 1870 gingen Modetrends verstärkt auf den Federschmuck, und das Ursprungsland der Pleureusen und Pompons, Frankreich, konnte den Bedarf längst nicht mehr decken. Im deutschsprachigen Raum hatte sich Wien zu einem Zentrum des Federschmucks entwickelt. Von dort holte sich Wilhelm Weil auch die Fachkräfte, die ihm einen leistungsfähigen Betrieb aufbauen halfen. Und als in den zwanziger Jahren die Mode Federn bevorzugte, als Varietés und Theater aufblühten und der Film und die Revuen in Schwung kamen, hatte der Weilsche Betrieb zeitweilig bis zu achtzig Mitarbeiter. Diese Konjunktur brach mit der Weltwirtschaftskrise und dem Beginn der braunen Herrschaft ab. Der Weilsche Betrieb wurde aus »rassischen Gründen« 1934 geschlossen, sein Inhaber wegen jüdischer Abstammung ins Konzentrationslager Theresienstadt verschleppt. Er überlebte und konnte 1946 abermals mit Hilfe einer Wienerin, Frau Jäger, sein seltenes Gewerbe wiederaufnehmen. Allerdings hatte die Menschheit im Zweiten Weltkrieg zu viele Federn gelassen, und eine beschwingte darstellende Kunst von der federleichten Art kam in deutschen Landen zunächst nicht so recht auf die Bretter, die die Welt bedeuten. Bretter wurden noch gebraucht, um Dächer dicht zu machen, und Federn, um in kalten Winternächten vor dem Erfrieren zu schützen.

Auch Wilhelm Weil hatte vorerst mit dem Mangel zu kämpfen. Der Federschmuck beschränkte sich auf Anstecker aus Restbeständen oder aus Privathand angekauftem Material, wogegen Schmuck an Hüten in Form von Federgesteckchen und »Gamsbärten« sehr gefragt war. Später vervollständigten noch Kunsthaarperücken für Schaufensterfiguren das Produktionsprogramm. Erst 1960 stand wieder reichlicher Material zur Verfügung, um den Bedarf der Kunstinstitute leidlich zu befriedigen. Dies war auch die Zeit, in der Gisela Weil, die Wilhelm Weils Sohn Wolfgang geheiratet hatte, in das Geschäft eintrat. Gisela Weil fand im Gegensatz zu ihrem Mann Geschmack am Federschmuck und wurde nach dem Tode Wilhelm Weils die Seele des Betriebes. Seit 1970 leitete sie die Federschmückerei, seit 1980 ist sie die Inhaberin. Das ist kein leichtes Amt. Da sind ja nicht nur die sachlichen Aufgaben, mit handwerklicher Kunst die hochwertigen seltenen Materialien zu eindrucksvollen Kunstgebilden zu formen. Auch viele organisatorische Fragen, die Materialbeschaffung und nicht zuletzt Finanzprobleme sind zu klären. Der Weilsche Betrieb ist der einzige seiner Art in der DDR, was manche Sonderregelung erfordert.

Alles das bewegt Gisela Weil, dafür sucht sie Lösungen, die ihrer Leidenschaft und ihrem Engagement für den Federschmuck entsprechen. Gepaart mit großer handwerklicher Fertigkeit und reicher Erfahrung, belebt durch produktive Einbildungskraft und stilistisches Einfühlungsvermögen in die Intentionen darstellender Kunstensembles, befriedigt sie ein gesellschaftliches Bedürfnis, das eher wächst als schwindet. Die Kunst kann auf das Federleichte nicht verzichten!

Der Erfinder des Steindrucks, Alois Senefelder, 1771 als Sohn eines Schauspielers in Prag geboren, wurde selbst Schauspieler und Poet. Als solcher wäre er vermutlich schon zu seiner Zeit unbeachtet geblieben, denn niemand wollte seine Werke veröffentlichen. Ehrgeizig beschloß er, sich selbst zu drucken – aber billig mußte es sein! Und Not macht erfinderisch. Nach einigem Laborieren zeichnete er seine Schriften auf Solnhofener Schiefer und fand einen Weg, sie auf jegliche Art von Papier zu übertragen. Damit entdeckte er Steindruck und Lithographie, ohne indessen mit seinen Poemen zu reüssieren. Bekannt und bedeutend wurde nur sein »Lehrbuch der Steindruckerei« aus dem Jahre 1818.

Nicht ganz in diese Zeit, wohl aber ins vergangene Jahrhundert, bis ins Jahr 1875, reicht das Bestehen der Steindruckerei Rößger in Leipzig zurück. Eine der Steindruckmaschinen im Hinterhaus an der Weidmannstraße war bereits 1889 auf der Pariser Weltausstellung zu sehen und steht heute – wie die anderen Maschinen der Werkstatt – unter Denkmalschutz. Das Druckverfahren und die Fähigkeit, es auszuüben, gehören ebenfalls unter Denkmalschutz. Wolfgang Rößger und seine Frau beherrschen dieses Handwerk noch, aber sie können davon nicht mehr leben. Geld verdienen sie mit Siebdrucken Hunderter Arten von Schildern: »Betreten verboten«, »Durchgang verboten« und wie die Verbots-, Gebots- und Hinweismitteilungen an deutschsprachige Mitbürger immer lauten mögen. Wenn ich mich richtig erinnere, überwiegt der ver- und gebietende Ton in diesem Katalog deutschsprachiger Kundgebungen bei

weitem. Da stirbt auch wenig ab, im Gegensatz zu den Druckverfahren. Es ist klar, daß Vordrucke, Banknoten, Wertpapiere, Landkarten, Noten, Plakate, die einst von Solnhofener Schiefersteinen abgezogen wurden, heute längst mit moderneren und effektiveren Verfahren gedruckt werden, die, wie der Offsetdruck, teilweise auf den chemisch bedingten Steindruck zurückgehen. Eine Zink-, Kupfer- oder Aluminiumplatte in Verbindung mit einem Gummituch ist eben leichter zu handhaben als ein zentnerschwerer Schieferstein aus Solnhofen. Doch für Künstlerarbeiten und Künstlerdrucke ist der Stein noch immer interessant. Auch auf diesem Gebiet hat Senefelders Verfahren eine namhafte Tradition. Immerhin haben sich Maler und Zeichner wie Daumier, Schadow, Krüger, Hosemann und Menzel dieser Technik bedient.

Der Steindruck beruht darauf, bildfreie Stellen so zu präparieren, daß sie Farbe abstoßen, aber Wasser annehmen. Um das zu erreichen, werden die Poren des Steines mit Salpetersäure geöffnet und dann mit einer Gummiarabikumlösung – oder einem Ersatzstoff – versiegelt. Bei den druckenden Bildteilen dagegen verbindet sich das Fett des Zeichenmaterials mit dem kohlensauren Kalk der Steine zu fettsaurem Kalk, der Wasser abstößt, aber weiteres Fett resorbiert. Dadurch nehmen die druckenden Teile Farbe auf, die nichtdruckenden hingegen stoßen sie ab. Ist ein Stein für den Druck präpariert, so kann man ohne Verschleiß etwa zehntausendmal drucken. Der Stein läßt sich aufbewahren. Das hängt vom Wert der Vorlage ab. Man kann den Schieferstein auch wieder abschleifen und weiterverwenden.

Im Solnhofener Steinbruch im bayerischen Altmühltal werden die abgelösten Platten mit dem Hammer angeschlagen.

Klingen sie, haben sie keine verborgenen Sprünge und lassen sich im größtmöglichen Format roh behauen und schleifen. Solnhofener Lithographiesteine bestehen aus 97,22 Prozent kohlensaurem Kalk, 1,90 Prozent Kiesel, 0,28 Prozent Alaunerde und 0,46 Prozent Eisenoxid. Als besonders wertvoll gelten die graublauen und grauen Steine, die hart und von besonders feinem Gefüge sind. Sie werden für Gravierarbeiten bevorzugt. Die dunkel- und hellgelben Steine sind demgegenüber poröser und weicher.

Bevor vom Stein gedruckt werden kann, sind Vorbereitungen nötig. Handelt es sich um einen wiederverwendeten Stein wird er manuell oder maschinell zunächst grob abgeschliffen, bis das Fettbild verschwunden ist. Dafür verwendet Wolfgang Rößger drei Sandsorten vom gröberen bis zum feineren. Danach erfolgt der Feinschliff mit künstlichem Bimsstein per Hand. Im nächsten Arbeitsgang werden die Steine mit einem Gemisch aus pulverisiertem Rötel, Kleesalz und einer Gummiarabikumlösung poliert. Diese Arbeit ist für alle gleich, in welcher Technik sie auch zum Einsatz gelangen. Auf die so präparierten Steine können Künstler Originallithographien zeichnen. Ès ist aber ebenso möglich, Originalvorlagen, die den lithographischen Techniken gemäß sind, zu übertragen.

Der Federlithographie kommen sogenannte einfache Strichzeichnungen entgegen, die mit Feder oder Pinsel und schwarzer Tusche oder Farbe in klaren Linien und gedeckten Flächen Wirkung erzielen. Schwieriger wird es bei Bildern, die mit Aquarell-, Deck- oder Ölfarben gemalt sind. Dort müssen kompliziertere Handtechniken wie Kreide-, Tangier-, Spritz- und Asphaltschabtechniken mit der Federtechnik kombiniert werden. Doch der Steindruck konnte schon seit Senefelders Zeiten Bilder bis zu zweiundzwanzig unterschiedlichen Farben – wozu selbstverständlich zweiundzwanzig verschiedene Steine und Druckvorgänge gehören – bewältigen.

Für den Druck auf normalem, handelsüblichem Papier wird der Stein mit Druckfarbe eingewalzt. Wolfgang Rößger verwendet die musealen maschinellen Schnellpressen, die aus dem vorigen Jahrhundert stammen und noch immer einsatzfähig sind. Diese Maschinen laufen mit Gleichstrom, für den ein Transformator bereitsteht. Seine Frau dirigiert die Arbeitsvorgänge in der oberen Etage, er selbst die in der unteren. Eigentlich gehörte ein dritter Mann in das Maschinen-Team, der die fertigen Bogen abnimmt. Diesen dritten Mann gibt es. Den Sohn! Er lernt Offsetdrucker in einer Leipziger Großdruckerei. Ob er den Rößgerschen Familienbetrieb einmal komplettieren und weiterführen wird? Die beiden Rößgers hoffen es. Sie halten das Steindruckerhandwerk, ihre Werkstatt in der Weidmannstraße in Leipzig, auf alle Fälle für erhaltenswert. Mit Stolz weist Wolfgang Rößger auf seine Sammlung alter Steine hin mit wertvollen Zeichnungen, auf alte Etiketten und Plakate, die als wichtige Zeitdokumente gelten können. Dem Bestreben, einen bewahrenswerten Fundus handwerklicher Produktion und eine seltene Fertigkeit handwerklichen Produzierens zu erhalten, ist Erfolg zu wünschen und hoffentlich ein Weg zu bahnen.

Seit wann gibt es Hüte? Ich hätte mir die Frage nicht stellen sollen! Sie hat mich viel Zeit gekostet, mancherlei zutage gefördert, nur keine zufriedenstellende Antwort. Meyers Lexikon aus dem Jahre 1962 verzeichnet das Wort Hut gar nicht, andere Nachschlagewerke belehrten mich, es sei althochdeutscher Abstammung. In Kunst- und Kulturgeschichten entdeckte ich aber schon auf altägyptischen Abbildungen hutartige Kopfbedeckungen, so daß ich vermute, Kopf- und Körperbedeckung sind gleichlaufend entwickelt worden. Die Kopfbedeckung erscheint bereits auf frühesten Abbildungen als Kopfschmuck. Trotzdem mag der Schutzfunktion gegen Hitze, Kälte, Wind und Regen ein Vorrang gebühren. Wie dem auch sei – man erwartet noch heute vom Hut, daß er schmückt und schützt. In ihrer langen Kulturgeschichte ist der Kopfbedeckung jedoch nicht nur zugemutet worden, gegen Witterungsunbilden zu schützen, sondern zugleich gegen Hieb und Stich, gegen Schlag und Schuß. Aus dem Hut wurde der »Eisenhut«, der Helm, der Stahlhelm, auch der Schutzhelm beim Bau, im Bergbau, in der Industrie, auf Motorrädern. Die Helmwelt ist eine Welt für sich.

Günter Herrmanns Welt ist die des modischen Huts, sei er nun aus Filz oder Fell, Leder oder Stoff. Jede Hutform hat den klippenreichen Weg aus dem Kopf ihres Schöpfers auf den Kopf ihres Trägers zu beschreiten. Am Anfang steht der Einfall, der niemals wie ein Blitz aus heiterem Himmel kommt, sondern aus einer intensiven Auseinandersetzung mit den nationalen und internationalen modischen Entwicklungen. Die Mode ist zweifellos das launischste Geschöpf im Garten der schönen Künste. Ihre Kapriolen zu meistern erfordert eine besondere Sensibilität. Man muß ein Gespür dafür haben, wann eher eine sportliche Note oder eine elegante, ein moderner oder ein historischer Zuschnitt an der Zeit ist. Erfahrung lehrte Günter Herrmann, daß die modische Entwicklung meist in Kontrasten verläuft, selten in Variationen. Er vertraut seinem Gespür für die modischen Trends und hat schon wichtige Impulse für die Hutmode geben können.

Die Ideen werden zunächst als Skizze festgehalten. Aber von der Skizze bis zum Hut ist noch ein weiter Weg, dessen erster Teil mit handwerklichem Können überbrückt werden muß, gleich, ob die folgende Arbeit, das eigentliche Hutmachen, handwerklich oder industriell geleistet wird. Dieser erste Teil ist der Hutformbau. Entschließt man sich, einen Einfall zu verwirklichen, werden nach der Skizze die konkreten Maße festgelegt. Das Kopfoval bildet den entscheidenden Anhaltspunkt für die Gestaltung. Ovale Hutformen wirken schlank, runde voluminös. Aber nicht allein die ästhetischen Momente, sondern auch die technologischen Parameter für die Produktion werden bestimmt. Dabei ist zu bedenken, daß Damenhüte nur eine geringe Stückzahl gestatten, Herrenhüte hingegen in großer Serie, deshalb preiswerter hergestellt werden können. Wenn alle Maße fixiert sind, wird eine Musterform in mittlerer Kopfweite angefertigt. Die Muster werden dem Handel zur Auswahl präsentiert, und der entscheidet, welche Modelle in die Produktion gehen. An dieser Stelle wünschte sich Günter Herrmann mitunter etwas mehr Entschlußfreude, denn nichts ist schlimmer in der Mode als Verzögerung aktueller Designs. Für die vom Handel ausgewählten Modelle werden Hutformen in allen gängigen Größen produziert, zwei bis fünf, je nach dem zu erwartenden Bedarf. Die industrielle Technik bevorzugt Aluminiumformen, die handwerkliche Technik Holzformen.

Zunächst wird gut abgelagertes Pappel-, Erlen- oder Lindenholz mit der Bandsäge zugeschnitten und von Maschinen mit biegsamen Wellen und Formfräsen in grobe Konturen gebracht. Die endgültige Formgebung aber muß mit der Hand geschehen, wobei sich ein präzises Formumsetzungsvermögen von der flächigen Skizze in eine räumliche Plastik bewähren muß. Diese Arbeit wird vorwiegend mit dem Bastring ausgeführt, von den Hutformbauern »Schinder« genannt, womit die Schwere der körperlichen Arbeit angedeutet ist, die in dem Vorgang steckt. Einzige Anhaltspunkte sind Schablonen für die Grundkonturen und die Maße. Sie werden mit den Skizzen im Herrmannschen Betrieb aufbewahrt. Die Formen können aus einem Stück, aber auch mehrteilig sein – bis zu acht Teilen. Ist die äußere Kontur des Materials wesentlich größer als die Kopfweite, muß die Form fünfteilig sein, damit sie nach dem Ziehen wieder aus dem Hut herausgenommen werden kann.

Bei den gegossenen Metallformen wird jeweils die Musterform aufbewahrt. Der Herrmannsche Betrieb besitzt ein stattliches Lager solcher Modelle – ein Beweis für produktive Arbeit. Immerhin besteht die Werkstatt seit 1870. 1958 hat Günter Herrmanns Vater die Firma übernommen, die vormals unter dem Namen Böhme und Robert Born-Nachfolger bekannt war.

Seit 1969 leitet Günter Herrmann den Betrieb, in dem er derzeit mit seinem Sohn, der in die Spuren des Vaters getreten ist, und einem Lehrling wirkt. An der Erarbeitung der Lehrunterlagen hat der Leipziger Meister großen Anteil genommen, denn ihm liegt die Erhaltung und Weiterführung dieses seltenen Handwerks sehr am Herzen, dessen Bedeutung

mit der modernen industriellen Entwicklung nicht geringer wird. Im Gegenteil. In neuester Zeit sind mit Festumzügen zu Stadtjubiläen und anderen Gelegenheiten umfangreiche Anforderungen zur Herstellung historischer Kopfbedeckungen an die Werkstatt herangetragen worden, eine Aufgabe, der sich das Entwurfsatelier eines großen Industriebetriebes kaum annehmen könnte. Aber Meister Herrmann konnte es. Die Auseinandersetzung mit der Geschichte war ihm für aktuelle modische Aufgaben schon immer wichtig. Günter Herrmann hat einen genauen Plan ausgearbeitet, welche Arbeitsgänge für Hutformbauer an welchen holz- und metallbearbeitenden Maschinen und mit welchen Werkzeugen von Bedeutung sind und wie sie erlernt werden können. Er ist sicher, die Hutformbauer behalten ihre Bedeutung. Geht er doch von der Grundüberzeugung aus, daß es für jedes Gesicht einen passenden Hut gibt, wenn auch nicht jeder jede Mode mitmachen kann. Es ist für ihn ein schönes Gefühl, seinen Hüten häufiger im Straßenbild zu begegnen, zu beobachten, wie eine eigene Entwicklung sich in der Mode durchsetzt.

Die Hutform ist ein Werkzeug, das der Hutformbauer für den Hutmacher bereitstellt. Nach 1945 ist in den Anforderungen an dieses Werkzeug ein Wandel eingetreten. Früher wurde nur eine Grundform angefertigt, die sich der Hutmacher selbst verfeinerte. Heute wird ein perfektes Endprodukt erwartet, das eine rentable maschinelle oder sogar automatische Produktion gewährleistet. Die modernen Hutziehmaschinen benötigen qualifizierte Formen, bringen sie doch das Zehnfache gegenüber der Handarbeit, die aber trotzdem bei exquisiten Modellen kleiner Stückzahl ihren Platz behält. Neben den Formen für die Hutziehmaschinen, die als Positiv gebraucht werden, müssen zum Pressen Negativformen hergestellt werden. Zum Ziehen wird der Filz über die Form gezogen, und zum Pressen wird er in die Form eingelegt – für den Träger des Hutes ist es ohne Belang, wenn der Hut nur paßt, schützt und schmückt.

Ein alter Böttcherspruch lautet: »Es wird alles reiflich überlegt, was wir faßlich darstellen.« Die eisern umfaßten hölzernen Faßdauben nach besonderer Formung und Biegung fest aneinanderzufügen ist tatsächlich das Wesentliche am Faßmachen. Aber der Satz hat einen Hintersinn, den die schreibende Zunft genauso für sich in Anspruch nehmen kann wie die faßbindende. Doch wenn es an die praktische Arbeit geht, wird sehr schnell deutlich, wie weit die Wege auseinander liegen, auf denen jeder sein Ziel erreicht. Wer ein Faß herstellen will, begibt sich zunächst auf den Holzweg. Wehe dem Schreibenden, der ihm dorthin folgt! Günter Mehner muß im Herbst hinaus in den Wald und die gefällten Eichenstämme auf ihre »Faßlichkeit« hin überprüfen. Das ausgewählte Stammholz wird im betriebseigenen Sägewerk in Eckartsberga zugeschnitten und getrocknet, bevor es in die Böttcherwerkstatt am Naumburger Wendenplan zur »faßlichen Darstellung« gelangt.

Diese ist gelegentlich runder Stadtjubiläen in Naumburg und Halle auch schon zu öffentlicher Darbietung geworden. Fässer werden meist in der Werkstatt gebaut, sie können aber ebenso vor Ort fertiggestellt werden, mitunter ist das sogar notwendig, wenn nämlich die Größe des Fasses die des Kellereingangs übersteigt. Zwar entwickelt heute niemand mehr den Ehrgeiz eines Renaissancefürsten, das größte Faß in seinem Keller zu haben, dem die berühmten Königssteiner, Heidelberger oder Dürkheimer Fässer zu danken sind, doch Behälter mit einem Fassungsvermögen von hunderttausend Litern werden noch immer hergestellt, nicht für Weinkeller, sondern für die chemische Industrie.

Günter Mehners Fässer, die ausschließlich der Lagerung und dem Transport von Wein und Schnaps dienen, fassen zwischen zwanzig und fünftausend Litern. Ein Fünftausendliterfaß wiegt etwa zwanzig Zentner. Da ist es schon gut, daß er fünf Beschäftigte und einen Lehrling an seiner Seite weiß. Günter Mehners Erzeugnisse sind Schwerfässer. Leichtfässer wären nicht nur im Gewicht leichter, sondern auch in der Fertigung. Es ist der Geist des Ortes, der zum Schwerfaß weist. Im Naumburger Umfeld befaßt man sich halt weniger mit Gurken, Heringen, Sauerkraut, Farben und was man sonst noch in den sogenannten leichten Fässern aufbewahrt und transportiert. In früheren Zeiten hat man selbst Bücher und Geld in solche Behälter gepackt. Im Saale-Unstrut-Winkel ist es der Wein, der gefaßt werden will, Traubenwein und Obstwein. So hat sich die Böttcherei Mehner auf die Weinfässer spezialisiert, stellt auch Spirituosenfässer her, aber keine Bierfässer, die dicker in der Wandstärke und normalerweise rund sind, wegen des höheren Drucks, den sie auszuhalten haben.

Weinfässer haben meist eine ovale Form, damit sie den Kellerräumen besser angepaßt werden können. Der Kellerraum ist die Maßgabe für die Dimension eines Weinfasses, das stets nach Bestellung gearbeitet wird, nicht nach angebotenen Standards. Liegt ein Auftrag vor, werden die Faßdauben, wie die Wandbretter heißen, nach Größe und Form zugeschnitten und bearbeitet. Dabei gilt es nicht nur, die richtige Wandstärke gleichmäßig in jeder Daube zu erreichen, sie außen zu glätten und innen zu kehlen, wichtig ist, den Brettern an den Seiten einen konischen Zuschnitt zu geben, dessen Gleichmäßigkeit und Genauigkeit darüber entscheidet, ob der Bauch des Fasses wohlgewölbt ist. Diese Wölbung erreichen die Böttcher dadurch, daß die Dauben am Kopf mit einem Reifen fest aneinandergefügt werden, im Innern des Fasses ein Feuer genügender Stärke geschürt – meist nutzt man dazu die Holzabfälle aus den Vorarbeiten – und das Holz von außen ständig mit Wasser begossen wird. Unter dem Feuer-Wasserbad schmiegen sich die Dauben lükkenlos zu einer schönen, regelmäßig gewölbten Wand aneinander – vorausgesetzt, es wurde vorher einwandfrei und sauber gearbeitet. Was sich in dieser Stunde der Wahrheit als Faßform darstellt, wird mit genau angemessenen und zusammengenieteten eisernen Reifen, die gleichmäßig von Kopf und Fuß des Fasses aufgeschlagen werden, dauerhaft befestigt. Die Feinarbeit im Faß erfolgt mit den herkömmlichen Werkzeugen per Hand, mit dem Rundhobel, dem Kimmhobel, dem Krummeisen, dem Hiebeisen, dem Schnitzmesser. Die Innenwand ist zu glätten, Nuten für Boden und Deckel sind einzuarbeiten. Dann werden die Bodenbretter eingefügt, zwischen die man Schilfblätter legt zu besserer Dichtung, und die Deckel aufgesetzt, mitunter mit bildhauerischen Ornamenten verziert oder gar mit Sinnbildern versehen. Natürlich dürfen die Spundlöcher zum Füllen und Leeren des Fasses nicht fehlen. Ein Faß ohne Loch ist ebenso verfehlt wie eines ohne Boden.

Für den konischen Zuschnitt der Faßdauben sind Schablonen gebräuchlich, in denen sich jahrhundertelange Erfahrungen des Böttcherhandwerks und über ein Jahrhundert familiärer Betriebserfahrung der Mehners fixiert haben. Auch das ist eine wertvolle Tradition, die zu den Fertigkeiten bei der Handhabung der Maschinen und Werkzeuge kommt, zu dem Geschick, ein Faß in seinen Teilen vorzuarbeiten, so daß es am Ende passend zusammengefügt werden kann. Die Naumburger Böttcherzunft konnte 1935 ihr fünfhundertjähriges Bestehen feiern und die Mehnersche Böttcherei 1969 ihr hundertjähriges Betriebsjubiläum. Hermann, Karl und Fritz Mehner haben die Werkstatt geleitet, bevor sie Günter Mehner 1971 übernahm. Aber bereits seit 1950 hat er hier gearbeitet.

Ursprünglich stellte die Naumburger Werkstatt auch Wasch- und Wirtschaftsgeräte für städtische und besonders für ländliche Bedürfnisse her. Auf dem Lande zählte der Böttcher neben dem Stellmacher, dem Dorfschmied, dem Müller und dem Fleischer zu den Grundberufen. Das Gefäßsystem war irden und hölzern. Namentlich für den Transport dominierte das bruchsichere Holz. Unter den Gefäßen gebührte dem Faß eine herausragende Stellung. In der Weinanbaugegend an Saale und Unstrut trat die Faßherstellung von Anfang an neben die Fertigung von Bottichen, Zubern, Eimern, Wannen und Kübeln. Als diese Gefäße aus Metall und Plaste zweckmäßiger und billiger zu produzieren waren, blieb noch der Faßbau, der heute sechzig Prozent des Mehnerschen Produktionsprogramms ausmacht. Außerdem werden Mehrzweckbottiche für Großküchen und Pflanzenkübel angefertigt, zum Teil für den Export. Gewiß gibt es in modernen Weinkellern auch Stahltanks. Aber die Spitzenweine werden nach wie vor in Holzfässern behandelt, die eine Atmung des Weines gestatten. Deshalb legen die Kellermeister Wert auf alte Anlagen mit Holzfässern. Alte werden, wo das möglich ist, vor Ort repariert und, soweit erforderlich, durch neue Fässer ergänzt.

Ist bei einem Faß der letzte Hobelstrich und Hammerschlag erfolgt, ist das Faß noch nicht fertig. Es muß »weingrün« gemacht werden, das heißt, dem Holzfaß wird durch Wasserdampf die »Lohe«, eine Gerbsäure, entzogen. Sonst würde der Wein in Farbe und Geschmack beeinträchtigt. Und da Günter Mehner bei der jährlichen Weinverkostung in Bad Kösen als Gutachter fungiert, setzt er sich nie dem Vorwurf aus, die Weine könnten am Faß Schaden genommen haben, wobei er natürlich nur empfehlen kann, stets die gleichen Weinsorten in die gleichen Fässer zu füllen. Dafür, daß auch in der nächsten Generation genügend gute Fässer bereitstehen, möchte Günter Mehner sorgen, indem er seinen Sohn, der beruflich noch auf anderen Pfaden wandelt, in die Geheimnisse des Faßmachens einweiht, damit die Tugend, reiflich zu überlegen, was faßlich dargestellt wird, im Schwange bleibt.

Die überflutete Elbaue glich einem riesigen bleigrauen Spiegel, in dem kahle Baumkronen ihr Konterfei suchten und fanden, als ich von Fischbeck nach Tangermünde fuhr auf einer hochgedämmten Fahrbahn. Ich war bisher nicht in Tangermünde gewesen, dem Ort, in dem die Ratsherrntochter Grete Minde auf so grausame Weise um ihr junges Leben kam, einem barbarischen Aberglauben geopfert. Theodor Fontane hat sich von ihrem Schicksal zu einer Erzählung anregen lassen. Die steinerne Welt, in die ich hinter der Elbebrücke eindrang, hat auch schon jenen dumpfen Hexenglauben umfangen, der viel Unglück über die Menschen brachte. Noch heute könnte sie als überzeugende Filmkulisse von Geschichten aus jenen Zeitläuften dienen. Aber als ich die Ruine der Burg besuchte, das Denkmal Kaiser Karls IV. sah und erfuhr, daß die Stadt an der Elbe unter ihm zeitweilig sogar einmal Residenz des Heiligen Römischen Reiches Deutscher Nation war, verwunderte es mich nicht, in diesen Mauern eine traditionelle Heimstatt handwerklicher Kunst zu finden, die über das Lokale hinaus Bedeutung erlangte und behielt.

Da steht am Markt ein denkmalgeschütztes Haus mit einer denkmalgeschützten Werkstatt, in der ein Meister seines Fachs auf jahrhundertealter Traditionslinie sein Gewerk ausübt, dessen Kunstfertigkeit gleichfalls Denkmalschutz verdient: der Kupferschmied Gustav Fauter. Als er in der Tangermünder Umgebung auf einer Kirchturmspitze eine Kugel reparierte, entdeckte er in ihr ein Dokument, das besagte, diese Kugel sei 1710 in seiner Werkstatt in Tangermünde am Markt geschmiedet worden. Schon damals war sie im Besitz seiner Familie. Immer ging sie vom Vater auf den Sohn, allenfalls auf den Schwiegersohn über. 1969 hat Gustav Fauter den Betrieb von seinem Vater übernommen, von Gustav Fauter, und sein Sohn – Detlef Gustav Fauter – hat Kupferschmied gelernt und ist gleichfalls willens, die Werkstatt weiterzuführen, aber ob dieser Wille geschieht, ist eine Preisfrage im wahrsten Sinne des Wortes, wie der Meister erklärt. Er hofft, sie wird sich lösen lassen, damit die Tangermünder Kupferschmiede nicht nur als Museum, sondern als lebendiger Betrieb mit seinem produktiven und restaurativen Vermögen Bestand hat.

Kupfer zu gewinnen und zu bearbeiten, haben die Menschen früher gelernt und beherrscht als das Eisen. Die Bronzezeit, die ja im Prinzip eine Kupferzeit ist, denn Bronze ist bekanntlich eine Kupfer-Zinn-Legierung, hat vor der Eisenzeit das kulturelle Gepräge der Menschheitsentwicklung bestimmt. Und in der Eisenzeit ist mit der Elektrotechnik das Kupfer wieder hoch zu Ehren gekommen. Kupfergeräte und Kupfergefäße sind durch die Jahrhunderte hindurch nie ganz außer Gebrauch gewesen, wenn sie auch bisweilen vor allem Luxus oder Extravaganz repräsentierten. So blieb die besondere Kunst des Kupferschmiedes neben der des Kupferklempners und Gelbgießers erhalten und, wie man bei Gustav Fauter sehen kann, als hohe Kunstfertigkeit.

Den Einfall zu einem Gefäß skizziert er zunächst und fertigt dann eine maßstabgerechte Schablone an. In beiden Fällen muß der Kupferschmied seine plastische Vorstellung ins Flächige übersetzen. Schneidet er das Kupferblech zu, hat er umgekehrt zu bedenken, daß er aus dem flächigen Material eine plastische Form hervortreiben muß in einem Prozeß, der eine Streckung des Kupfers mit sich bringt. Aus der Erfahrung heraus weiß Gustav Fauter, wieviel das ausmacht, und kann es beim Zuschnitt berücksichtigen. Eine genaue Berechnung ist nicht möglich. Die Form wölbt er mit dem Hammer auf dem Amboß leicht vor, damit sich das Metall entspannt. Dann wird das Blech geglüht, dadurch erweicht und anschließend in einem Wasserfaß »abgeplätzt«. Bei diesem Vorgang muß der Kupferschmied sehr genau auf den Erhitzungsgrad achten, weil der Glüh- und der Schmelzpunkt dicht beieinander liegen. Kommt das Blech aus dem Plätzfaß, beginnt die eigentliche Treibarbeit mit Hämmern auf verschiedenen Ambossen. Da wird »eingezogen«, »aufgezogen«, »gebordelt« und was sonst noch erforderlich ist, dem Kupferblech eine schöne und zweckmäßige Form zu geben. Dabei ist das Gefühl für den Schlag entscheidend. Die Kunst des Kupferschmieds besteht

darin, sein Material gleichmäßig zu drehen und im Takt zu schlagen. Er muß ein Rhythmusgefühl entwickeln, er braucht Musikalität. Der Klang ist zugleich das Kriterium für die richtige Lage des Blechs auf dem Amboß. Das Treiben ist von so persönlicher und sinnlicher Eigenart, daß wohl jeder Meister seine Arbeit aus Hunderten wiedererkennt. Hat er die Form hervorgetrieben, bearbeitet er das Gefäß oder Gerät mit Salzsäure und Sand – früher hat man auch Schwefelsäure benutzt. Dann wird die Arbeit mit Salzwasser abgespült, abgewischt, nochmals gespült, in Sägemehl gewälzt und endlich mit einem polierten Hammer auf poliertem Amboß abgehämmert, damit es seinen metallischen Glanz erlangt.

Im Büro bewahrt Gustav Fauter ein ganzes Sortiment seiner Arbeiten auf. Manches ist allerdings nur noch als Foto vorhanden, denn die schönsten Werke sind am begehrtesten. Aus Gustav Fauters Werkstatt kommen Zier- und Gebrauchsgegenstände, Samoware, Fonduetöpfe, Bowlen, Sektkübel, Vasen, Leuchter, Aschenbecher, aber auch Taufbecken oder Kreuze für Kirchen. Seine Produkte gehen direkt an Kunstgeschäfte. Außer dem gewohnten Sortiment und immer wieder neuen Entwicklungen übernimmt er gelegentlich Restaurationen und Rekonstruktionen, schon aus Interesse an alten Macharten, doch ebenso, um Wertvolles zu erhalten. Bewahrenswert ist auch die Kunst des Kupferschmiedes, zumal wenn sie so traditionell bewährt und so meisterlich und schöpferisch beherrscht wird wie in Tangermünde am Markt.

Selten harte und schöne Steine wurden schon sehr früh als Edelsteine hervorgehoben, bewundert und oft geradezu verehrt. Herrscher und Priester verwendeten sie als Zeichen ihrer Würde und Macht. Mancher glaubte, der Besitz eines edlen Steines könne ihm Wunderkräfte verleihen. Der Stein der Weisen ist geradezu sprichwörtlich geworden. Der Stein des Anstoßes allerdings ebenso! Die magische Kraft erlesener Steine hat bis heute ihre Faszination für die Menschen nicht verloren. Brillante Steine in der Natur zu entdecken und mit Kunst zur vollen Geltung zu bringen gehört wie eh und je unvermindert zu den menschlichen Leidenschaften. Wie gierig Hände auch immer danach greifen, sobald sie ihrer habhaft werden, sind nüchterne Sachlichkeit und Wissenschaft gefragt, um sie richtig zu behandeln.

Erfahrungen mit Schmucksteinen hat die Menschheit seit ihren Anfängen gesammelt. Die Wissenschaft von den Steinen entwickelte sich mit den modernen Naturwissenschaften erst in den letzten drei Jahrhunderten, mit der Physik, Chemie und mit der Geologie und Mineralogie. Wer sich heute mit ihnen befaßt, muß sich auf deren Erkenntnisse stützen. Aber wer darauf aus ist, die in ihnen verborgene Schönheit und Faszination ans Licht zu bringen, spürt nach wie vor etwas von der Leidenschaft, mit der die Magier und Adepten vergangener Zeiten umzugehen hatten.

Auch Werner Busold aus Teltow begann als Mineraliensammler. Es war zunächst ein Hobby, dem allerdings der Trieb zur Perfektion im Technischen innewohnte, damit die Schönheit eines besonderen Minerals in größtmöglicher Steigerung hervortrete. Dabei ist die Entdeckung der günstigsten Schnittlinien durch einen Stein und der besten Anschliffsflächen trotz allen Wissens und aller Erfahrungen immer wieder ein Abenteuer. Werner Busold aber ein Mann mit Abenteurerblut? Wenn man vor seinem Teltower Häuschen steht, würde man das nicht vermuten. Mit Verwunderung schaut man auf einen Garten, der kunstvoll arrangiert ist und durch einige bemerkenswerte gärtnerische Exoten bereichert wird. Eine Oase in des »Heiligen Römischen Reiches Streusandbüchse«, wie man diese Gegend einstmals bezeichnet und ihren Beherrscher ein bißchen belächelt hat! Das »Heilige Römische Reich« ist längst vergangen, doch die Streusandbüchse ist geblieben, die dem Gärtnerischen ebensowenig hold ist wie dem Mineralogischen. Hier das eine wie das andere zu betreiben mutet schon etwas gewagt, vielleicht sogar abenteuerlich an. Tritt man durch diesen Garten in das kleine Haus ein, gewinnt man Zuversicht bei dem Gedanken: Wer auf diesem Boden so einen Garten anlegen kann, der wird sich auch auf engstem Raum mit den Natursteinen in ein produktives Verhältnis setzen können. Werner Busold erweist sich in allen seinen Unternehmungen als kreativ.

Ein Kollege, der nach Bernsteinen tauchte, hat ihn auf die Spur der Steine gebracht. Zunächst sammelte er Versteinerungen und Fossilien, dann griff er zur Literatur und geriet in den Bann der Mineralien. Der Wunsch, Steine selbst schleifen zu können, besser, als es hie und da amateurhaft geschieht, steigerte sich zur Herausforderung an seine technischen Begabungen. Und so entwickelte er aus geeigneten ausgesonderten Maschinen oder Maschinenteilen oder auch durch Neukonstruktionen die benötigten technischen Ausrüstungen zum Schneiden, Schleifen und Polieren von Steinen. Vorhandene Erfahrungen und bewährte Schleif- oder Poliertechniken, mochten sie aus der Metallographie, der Halbleitertechnik oder der Glasindustrie stammen, berücksichtigte er bei der Erarbeitung spezieller eigener Schleif- und Polierverfahren. Auf diese Weise entstand ein Instrumentarium, das optimale Ergebnisse bei Mineralschliffen und beim Schmucksteinschliff ermöglicht. Aber das Instrumentarium und die Schleif- und Poliermittel – so wichtig sie sind –, sie sind nur die Voraussetzung. Der eigentliche Schliff erfordert dann ein Wissen um

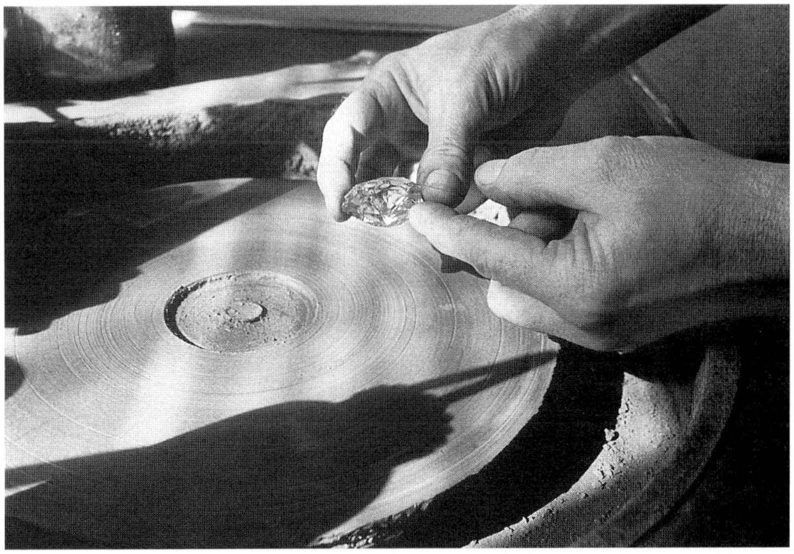

und ein Gefühl für das Material, ein handwerkliches Können, ein Fingerspitzengefühl, das zur Meisterschaft ausgebildet werden muß wie bei einem Virtuosen.

Da es handwerkliche Schmucksteinschleifer im Bezirk Potsdam nicht gab und auch nicht ausgebildet werden konnten, führte seine Qualifikation über die Facharbeiterausbildung im Steinmetzhandwerk bis zur Meisterprüfung mit einer Spezialisierung auf dem Gebiet der Natursteinschleiferei. Sein Meisterstück ist ein Kästchen mit Deckel aus Schlottwitzer Achat, das so präzise aus Einzelteilen zusammengefügt wurde, daß man keine Fugen sieht. Da mußten alle Maße und Winkel genau stimmen. Auf diesem Wege wurde die seit 1982 bestehende selbständige handwerkliche Natur- und Schmucksteinschleiferei in Teltow mit einem Handwerksmeister besetzt, der weder an territoriale noch familiäre Traditionen anknüpfen konnte. Man sieht, wo ein Wille, ein Können und ein Bedürfnis ist, da findet sich ein Weg, im Handwerk zu Neuem zu gelangen.

Vorerst jedoch bemüht Werner Busold sich um das Ausgangsmaterial, stamme es nun aus eigenen Funden oder aus denen der Kunden oder sei es von der Edelsteinindustrie bezogen. Er bearbeitet alle natürlichen Mineralien – in- und ausländische – mit Ausnahme der Diamanten. Besonders interessant sind für ihn jene aus Fundstellen, die für die Industrie nicht abbau- oder schleifwürdig sind. Geringes Vorkommen steigert den Seltenheitswert und erhöht den Reiz der Mineralien für den Sammler und Liebhaber. Bearbeitungswürdige Exemplare untersucht er auf beste Wirkungsmöglichkeiten hin, bevor er sie trennt und auf den horizontal rotierenden Scheiben plan oder gewölbt schleift. Welche seiner Scheiben Werner Busold dabei verwendet und welche Schleifmittel er einsetzt, hängt vom jeweiligen Mineral ab. In jedem Falle ist das Schleifen ein Abtragungsprozeß, während das weitaus diffizilere Polieren ein physikalisch-chemischer Prozeß ist, für den Poliermittel, Poliergeschwindigkeit, Druck, Feuchtigkeit, Zusatzmittel große Bedeutung haben. Schon die Polierrichtung kann wichtig sein. Dabei ist gutes theoretisches Wissen in der Mineralogie und Kristallographie ebenso nötig wie fundierte eigene Erfahrung. Und beides zusammen muß sich im Experiment bewähren. Beim Polieren ist enorme Ausdauer erforderlich, bis man zum Erfolg gelangt. Dort liegt der größte geheime Fundus, über den jeder Steinschleifer gebietet, auch Werner Busold. Er gestattet ihm heute nicht nur, respektable Schaustufen vom Achat und Amethyst bis zum kleinen Opal oder Smaragd zum feurigen Funkeln zu bringen, er beruft ihn zugleich zum Partner von Schmuckgestaltern und Goldschmieden bei der schöpferischen Gestaltung individuellen Schmucks.

Daneben kommt Zweckmäßiges aus seiner Werkstatt, wie die Polierwerkzeuge von Restauratoren. Das sind speziell geformte Achate, die geschliffen und poliert werden. Solche Aufgaben reizen ihn, wie ihn alle schwierigen Probleme, seien sie nun technischer oder ästhetischer Natur, herausfordern, soweit sie auf der Ebene seiner Möglichkeiten liegen. Nur so war ein uraltes Handwerk wie das des Steinschneidens und -schleifens, das weitgehend schon Industrie geworden und in dieser Gegend eigentlich nie recht zu Hause war, neu zu begründen und zur Meisterschaft zu führen. Werner Busold nimmt derzeit mit seinem Werkstattprofil eine einzigartige Stellung in der Deutschen Demokratischen Republik ein. Hoffen wir, daß er seine Gewerbe fest verwurzeln und verzweigen kann.

Die Kunst des Mosaiks hat jahrhundertelang als italienische Domäne gegolten. In der römischen Kultur war sie zu hoher Fertigkeit ausgebildet, und in der frühchristlichen Periode hat sie auf der Apenninenhalbinsel ihre schönsten Gebilde hervorgebracht. Als im vorigen Jahrhundert die Firma Puhl und Wagner in Berlin die Mosaikherstellung aufnahm, war der künstlerische Leiter ein Italiener. Später trat Heinrich Jungebloedt in die Firma ein, und der Mitinhaber Heinersdorff erkannte das besondere Talent des jungen Mannes, künstlerische Ideen in dieser handwerklich anspruchsvollen Technik zu verwirklichen.

Die Ausdrucksmittel des Mosaikmachers sind Stein und Fuge. Was sie im Wechselspiel an Wirkung zu erzielen vermögen, muß in der Auseinandersetzung mit historischen Arbeiten und mit dem zu Gebote stehenden Natur- und Kunststeinmaterial erworben werden. Dabei hat Heinrich Jungebloedt die Entdeckung gemacht, daß die Kunst des Mosaiks keinesfalls als angewandte Malerei verstanden werden darf, wie nah beide auch verschwägert sein mögen. Nur wenn das Mosaik als eigenständige Ausdrucksmöglichkeit aufgrund seiner besonderen Mittel aufgefaßt und vor allem künstlerisch wie handwerklich gemeistert wird, kann es zum Werk reifen, das Bestand hat. Vom Material her hat es dafür bessere Voraussetzungen als ein Gemälde, gleich, ob das Mosaik nun aus Natursteinen, farbigen Glasflüssen oder gebrannten Tonen gefügt ist. Welchen Stil- und Geschmacksrichtungen es auch immer unterliegt, es bringt seine Gegenwartsbezogenheit ins Dauerhafte ein und muß deshalb nicht nur um substanzielles, sondern zugleich um künstlerisches Format ringen.

Mit solchen Einsichten und Ansprüchen begründete Heinrich Jungebloedt 1945 eine eigene Mosaikwerkstatt, nachdem die von Puhl und Wagner durch Kriegs- und Nachkriegseinflüsse eingegangen war. Elisabeth Jeske arbeitete von Anfang an in seinem Betrieb und übernahm 1976, nach dem Tod Heinrich Jungebloedts, die Werkstatt in Eichwalde-Schulzendorf. Als ich sie dort besuchte, bereitete sie gerade die Rekonstruktion von Mosaiken für den Berliner Dom vor. Diese Bildnisse waren eine der großen Arbeiten des Berliner Betriebs Puhl und Wagner gewesen, aus dem Heinrich Jungebloedt und sie selbst hervorgegangen sind. Ob ein Mosaik nun rekonstruiert oder neu aufgebaut wird – eine sorgfältige Präparation ist in jedem Fall erforderlich. Zunächst bedarf es einer Skizze, die neben der Bildvorstellung den Hauptfarbklang festhält. Im Falle einer Rekonstruktion ergibt sie sich aus den Zeugnissen und Überresten des Mosaiks. Soll eine neue Arbeit entstehen, fertigt oft ein Maler den Entwurf an, wobei wichtig ist, daß sich der Künstler in der Sprache des Mosaiks artikulieren kann. Daraus wird eine maßstabgerechte spiegelbildliche Zeichnung entwickelt, der selbstverständlich eine genaue Untersuchung vor Ort vorausgehen muß. Bei großen Flächen zerlegt man das Gesamtbild in Teile, die genau markiert und bezeichnet werden. Die Skizzierung ist bei ebenen Flächen unproblematisch, bei gewölbten allerdings muß man überlegen, ob für die Anfertigung der Arbeitszeichnung ein naturgroßes Holzmodell nötig ist. Erst dann kann die praktische Arbeit des Mosaiksetzers vorbereitet werden. Da sind nach Maßgabe der Skizzen die Farbtöne auszuwählen, ist zu entscheiden, ob ein Naturstein oder ein Glasfluß oder ein gebrannter Ton oder eine Mischung der beabsichtigten Wirkung am besten dient. Auch die Größe der Steine in den verschiedenen Partien will überlegt sein. Dabei muß man immer im Auge behalten, wie die Struktur aus Steinen und Fugen die Bildwirkung beeinflußt. Sollten wie in vielen religiösen Bildmotiven goldene Hintergründe nötig sein, gilt es, die goldenen Mosaiksteine in einem besonderen Verfahren aus Blattgold und Glasfluß zu fertigen.

Liegen die Skizzen und das ausgewählte Steinmaterial in vorgeschnittenen Platten oder Stangen bereit, kann die eigentliche Arbeit des Mosaiksetzens beginnen. Die Mosaiksteine werden in der gewünschten Größe und Farbe zugeschlagen und mit der Vorderseite auf die spiegelbildliche Arbeitsskizze aufgeklebt. Bis zur Größe von zehn Millimetern erfolgt das mit der Hand, kleinere Steinchen werden mit der Pinzette aufgesetzt. Der spezielle Hammer des Mosaiksetzers, der beidseitig breite scharfe Kanten hat, muß mit Können und Erfahrung gehandhabt werden, soll die künstlerische Intention am Stein und nicht die Eigenmacht des Materials im Werk ihr Recht behaupten. Das Zuschlagen der Mosaiksteine erfolgt auf einem aufrecht stehenden Meißel, der bei der Härte des Materials eine feste Grundlage braucht. Für einen Quadratmeter Mosaik werden bei zehn Millimeter

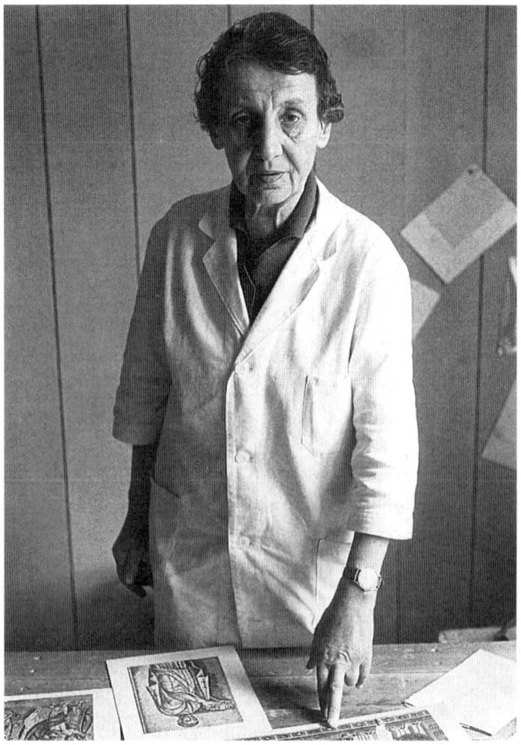

Kantenlänge immerhin zehntausend Steine benötigt. Bei unterschiedlichen Größen und Materialien empfehlen sich verschiedene Hämmer und Meißel. Eine maschinelle Fertigung der Steine ist aus technischen, vor allem aber aus ästhetischen Gründen bisher gescheitert. Ein Mosaik zu setzen ist eben – bei allen handwerklichen Erfordernissen – eine künstlerische Komposition. Die Kunst der Fuge einmal auf ganz andere Weise!

Der spiegelbildliche Steinsatz wird jetzt fast ausschließlich angewandt. Selbstver-

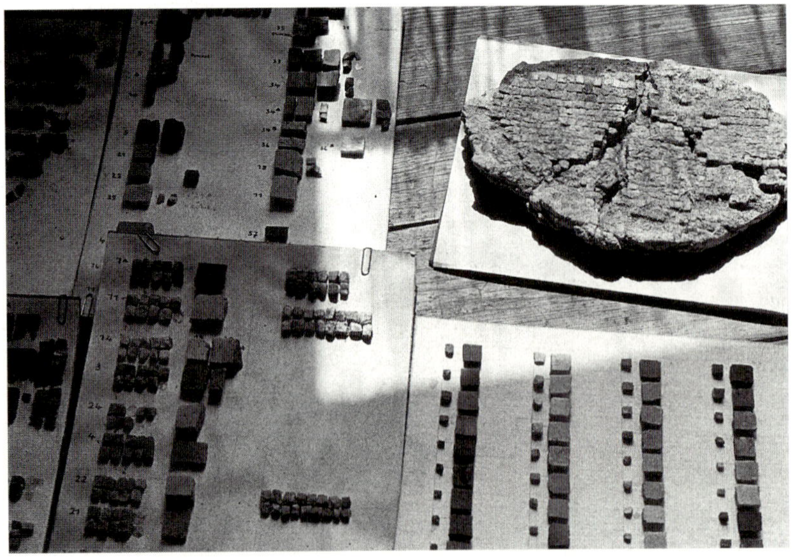

ständlich ist ein direkter Bildaufbau ebenfalls möglich. Früher wurde das häufiger praktiziert als heute. Ist das Mosaik in allen seinen Teilen in der Werkstatt vollendet und für gut befunden, wird es am Bau angesetzt. Dazu trägt man den Mörtel unter Beachtung von Stärke und Qualität sorgfältig auf, hat er doch in den Zwischenräumen als Fugenmaterial zu wirken. Seine farbliche Qualität ist deshalb genau zu bedenken.

Mosaike sind vorwiegend als Schmuck am Bau, vorzüglich auch in Bauten verwendet worden. Sie konnten den Boden schmücken, Wände, Decken oder Kuppeln zieren. Namentlich an repräsentativen Bauten finden sich Mosaike. Doch nicht das ist es, was der Bildhaftigkeit des Mosaiks etwas Monumentales, Typisierendes verleiht. Die Morphologie dieser Kunst, der Ausdruck mittels Stein und Fuge drängt zu Kraft und Größe. Nicht, daß es an Versuchen gefehlt hätte, verfugte Steinchen im zierlichen Kleinen zu nutzen. Johann Wolfgang Goethe hat auf seiner italienischen Reise zu solcher Tendenz kritisch angemerkt: »Die Kunst, welche dem Alten seine Fußböden bereitet, dem Christen seinen Kirchenhimmel wölbte, hat sich jetzt auf Dosen und Armbänder verkrümelt. Die Zeiten sind schlechter als man denkt.« Mosaik soll für die Gestaltung von Gerätschaften nicht völlig außer Betracht bleiben. Heinrich Jungebloedt und Elisabeth Jeske haben, zum Teil in Zusammenarbeit mit dem Kunstschmied Fritz Kühn, dafür mit repräsentativen Tischen anregende Beispiele geschaffen. Aber diese Tische stehen eben als Tagungstische im Zentrum von großen Räumen und Hallen und nicht etwa als Nähtischchen in abgelegenen Nischen.

Eigene Entwicklungen haben für Elisabeth Jeske wie für ihren Lehrer Heinrich Jungebloedt immer im Zentrum der Bemühungen gestanden. Das hinderte sie nicht, daneben andere Ideen an Bauten zu verwirklichen. Heinrich Jungebloedt hat schon in frühen Jahren mit Malern wie

Max Pechstein, Charles Crodel oder Gino Severini experimentiert und seit 1950 Entwürfe für Fußboden- und Wandmosaike von Walter Womacka, Lothar Zitzmann, Bert Heller und anderen an öffentlichen Bauten in Berlin, Leipzig, Dresden, Gera und Jena ausgeführt. Auch Elisabeth Jeske schuf nach eigenen und fremden Entwürfen baugebundene Mosaike in Dresden, Güstrow, Eisenhüttenstadt, Berlin, Leipzig, Frankfurt (Oder), Regis-Breitingen. Seit 1981 widmet sie sich stärker der Restaurierung antiker Mosaike für die Staatlichen Museen in Berlin und den Arbeiten am Berliner Dom und nach wie vor den Tischmosaiken in feinsteiniger geschliffener Technik. Immer wieder bildet sie Lehrlinge in ihrem Betrieb aus, die alle den Weg zur Kunsthochschule weitergegangen sind. Elisabeth Jeske bedauert das nicht. Sie ist überzeugt, die in den Ausdrucksweisen Stein und Fuge konzipierte Bildvorstellung ist vom handwerklichen Setzen des Bildes nicht zu trennen. Und sie vertraut darauf, daß ihre Saat eines Tages aufgehen und das Kunsthandwerk des Mosaikmachens im Berliner Raum – und das ist der einzige in der Deutschen Demokratischen Republik, in dem es besteht – Bestand behalten wird.

Die Modellbauwerkstatt Beyte versteckt sich in einem Hinterhof, obwohl sie keinen Grund hat, die Öffentlichkeit zu scheuen. Das technisch wie künstlerisch anspruchsvolle Handwerk mit bedeutender Tradition ist auch modernster Produktion im Handwerk wie in der Industrie unentbehrlich. Hinrik Beyte hat die Nachfolge der ehemaligen Firma Grube angetreten. Es ist keine direkte Erbfolge, eher eine geistige Nachfolge. Man mag mir den Ausdruck »Geist« durchgehen lassen, denn kein Handwerk ist ohne denselben auszuüben, aber nur dann, wenn er praktisch wird, wenn er »handelt«. Hinrik Beyte ist von Hause aus kein Handwerkerkind. Sein Vater war Angestellter, seine Mutter Hausfrau. Er hat den Modellbau gelernt, zunächst Holzmodellbau. 1954 schloß er seine Lehre ab. Am 3. Juli 1962 begann er selbständig zu arbeiten, und im März 1963 bestand er seine Meisterprüfung im Modellbauhandwerk.

Hinrik Beyte ist ein findiger Kopf, den neue, knifflige Aufgaben anziehen und herausfordern. »Gebt ihm den Raum, er wird das Ziel sich setzen«, läßt Friedrich Schiller für Wallenstein fordern. Er könnte es für alle unternehmenden, mit produktiven Einfällen umgehenden, verantwortungsbewußten Persönlichkeiten verlangen. Hinrik Beytes Raum liegt im Hinterhof der Grünberger Straße in Berlin, sein geistiger Raum umgreift die Formenfülle der modernen Gießerei. Dieser Vorstellungsbereich ist nahezu unendlich und der Bedarf in Industrie und Handwerk ebenfalls. Die Modellbauer sind Werkzeughersteller für die Gießerei. Das reicht vom Modell für ein Denkmal bis zu Modellen für Maschinen-, Fahrzeug-, Anlagen-, Geräteteile.

Jeder Guß braucht eine Form, und jede Form braucht ein Modell. Es kann aus Holz

oder Metall, heute ebenso aus Epoxidharz hergestellt werden. Im Handwerk dominieren Holzmodelle. Erle und Kiefer kommen zum Einsatz, bei sehr feinen Sachen wird auch Ahorn genommen. Viele Arbeiten führt Hinrik Beyte für die Industrie aus, vor allem für Maschinenbaubetriebe. Vorgegeben braucht er eine Fertigteilzeichnung des Gußstücks sowie Angaben über die Technologie, die in der Gießerei zur Verfügung steht. Er kennt die Normen, Standards und Toleranzen, die beachtet werden müssen. Unter Berücksichtigung dessen baut er das Modell, wobei sich neben den handwerklichen Fertigkeiten besonders das Vermögen bewähren muß, flächige Darstellungen ins Räumliche zu transponieren. Der Modellbau ist also in jedem Fall ein Knotenpunkt sehr vielfältiger und unterschiedlicher Anforderungen. Er muß gewährleisten, daß beim Guß optimale Zweckbestimmung und schöne Erscheinung sich vereinen. Dafür wählt er Materialien und Werkzeuge, die denen in Tischler- und Schlosserwerkstätten gleichen. Die ersten Modellbaubetriebe sind ja wohl aus Tischlerwerkstätten hervorgegangen. Die Aufgaben des Modellbauers sind sehr vielfältig. Es ist schon ein großer Unterschied, ob ein Modell für eine Werkzeugmaschine, eine Ofentür oder eine Schiffsschraube angefertigt wird. Nicht in allen Fällen lassen sich Rundungen genau schablonisieren. Besonders bei künstlerischen Elementen braucht der Modellbauer sowohl bei Konstruktionen als auch bei Rekonstruktionen ästhetisches Feingefühl.

Hinrik Beyte zeigte bereits früh zeichnerische Begabung. Er hat sie ausgebildet. Das gestattete ihm, in Berlin und Potsdam an Rekonstruktionsarbeiten mitzuwirken. So sind die Modelle für die Lampen auf der Marx-Engels-Brücke, in der Potsdamer Klement-Gottwald-Straße und im Holländer-Viertel in seinem Betrieb entstanden, ebenso die für die Kandelaber am Denkmal Friedrichs II. Unter den Linden und für den Köpenicker Markt. Seit solche Arbeiten gelungen sind, häufen

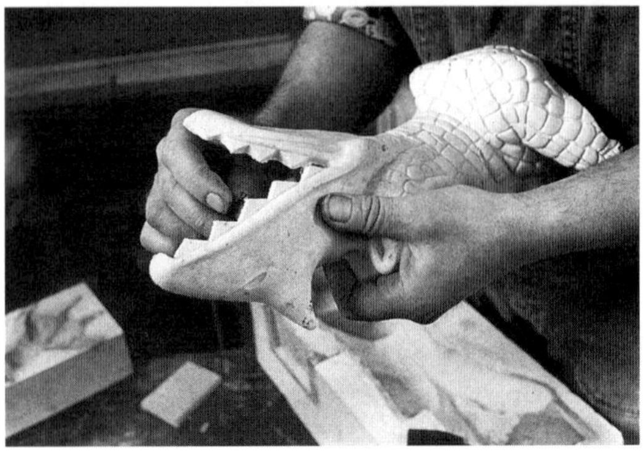

sich Anforderungen in künstlerischer Richtung. Ich hatte den Eindruck, sie machen Hinrik Beyte Spaß. Während ich in seiner Werkstatt auf ihn wartete, waren seine Mitarbeiter mit dem Modell einer alten eisernen Pumpe beschäftigt. Hinrik Beyte erläuterte mir später, daß man auch in dieser Hinsicht fündig werden könne. So habe er Silikonmodelle gebaut, die normalen Graugießereien in selbsthärtendem Formsand Kunstguß ermöglichen. Viele Modelle für Einzelteile von Maschinen, für die Kraftfahrzeuginstandsetzung, für Motorgehäuse, für Baumaschinenersatzteile, für Näh-, Schreib- und Rechenmaschinen, für Hydranten und Straßenwasserabflüsse und für vieles andere entstehen in seiner Werkstatt. Die Weite des Arbeitsfeldes im Modellbau wurde mir deutlich, als Hinrik Beyte die Preisspanne für seine Arbeiten nannte: Gießereimodelle können dreißig Mark kosten, aber auch zwei Millionen! Aus diesem Grund möchte ich darauf verzichten, einen bestimmten Vorgang des Modellbaues zu beschreiben, weil das einseitig wäre und eher irritiert als orientiert.

Der kleine, aber feste Stab von neun Mitarbeitern, auf den Hinrik Beyte sich stützen kann, arbeitet sehr selbständig und variabel. Der Umgangston ist kollegial-freundschaftlich, wie er in seinem Blankenburger Wohnhaus nachbarschaftlich-freundschaftlich und gastfreundlich ist. Zu den Mitarbeitern zählen neben seiner Ehefrau Sonja sein Sohn Olrik, der bereits Meister ist und inzwischen einen eigenen Betrieb als Modellbauer eröffnet hat, denn nur so kann er seine eigenen Möglichkeiten ausloten und voll ausbilden. Das wisse er aus eigener Erfahrung, meint der Altmeister. Arbeit gebe es genug. Die Kapazität unseres Formenbaues sei nicht ausreichend, und der Bedarf steige an. Der Modellbau sei auch im Handwerk ein Beruf mit Zukunft. Und diese Zukunft wollen Vater und Sohn mit den Wikingernamen selbstbewußt und selbständig ansteuern.

Die Drehorgel gehört zu Berlin wie Jette und Nante, Schusterjunge und Hauptmann von Köpenick. Doch sie stammt nicht aus Berlin wie die meisten Berliner, wenn man der Spöttelei eines bekannten Satirikers trauen darf. Bei ihrer Entstehung hat vielleicht der Wunsch den Anstoß gegeben, für kleine Kirchen ohne eigenen Kantor ein bewegliches Instrument zur Verfügung zu haben, das einfach zu bedienen war. Die Franzosen sollen zuerst auf diese Idee gekommen sein. Aber auch das ist nicht gewiß. Lieblinge des Volkes haben oft geheimnisumwitterte Ursprünge. Von Frankreich gelangten die Kleinorgeln vermutlich nach Böhmen, wo sie sich als »Böhmische Orgeln« einen Namen machten, denen bald die »badischen« nachfolgten, bis Ignaz Bruder um 1820 die Drehorgel neu entwickelte. Jeder Drehorgelbauer stand und steht vor der gleichen Aufgabe: Er muß ein Instrument bauen, das mit einer beschränkten Anzahl von Tönen doch ein ansprechendes Repertoire zur Geltung bringt, es muß klein und leicht sein und dennoch Durchsetzungsvermögen entwickeln. Unter diesen Bedingungen sind einer feinen und edlen Tonbildung Grenzen gesetzt.

»Die Drehorgel gehört nicht ins Opernhaus, sondern aufs Volksfest«, sagte mir Eginhard Fiebig, als ich ihn in seinem Haus in Müggelheim besuchte. »Und trotzdem bin ich im Apollo-Saal der Staatsoper aufgetreten«, fügte er verschmitzt hinzu. Natürlich habe es dafür eines Spitzeninstruments bedurft. Und das gelinge einem nicht alle Tage. Man kann ein Meisterinstrument kaum in Auftrag geben. Jede Pfeife hat ihren eigenen Klang. Die richtigen, zusammenpassenden Klänge zu schaffen und zueinanderzubringen – dazu gehören viel Geduld und das Glück des Tüchtigen. Erst bei der Arbeit gewinnt man das Gefühl, wie gut das Instrument wird. Eginhard Fiebigs Drehorgel, die er für seinen Staatsopernauftritt verwendete, wurde so gut, daß man alle Erwägungen fallenlassen konnte, ein besonderes Instrument in Frankreich zu erwerben. Er ist stolz auf diese Drehorgel und hat ihr einen Ehrenplatz in seinem Hause angewiesen.

In der Vergangenheit ertönte der Leierkasten, wie die Berliner respektlos sagen, meist auf dem Hinterhof, für den er auch konzipiert ist, wie Eginhard Fiebig meint. Dort fand er die Gunst des Publikums. Sonst hätten die Drehorgelspieler nicht existieren können. Sie lebten vom »Sechser aus'm Fenster«. Und sie lebten nicht schlecht, selbst wenn ihr Gewerbe ziemlich aufwendig war. Vor dem Ersten Weltkrieg gab es vierhundertfünfzig bis fünfhundert Spieler in Berlin. Vom bekannten und beliebten Drehorgelspieler Paul Kahl weiß Eginhard Fiebig noch, daß er beim Kantor den Zustand seiner Orgel überprüfen lassen mußte. Ein Dokument, vom jeweiligen Bürgermeister oder Ortspolizisten abgestempelt, bestätigte das Ergebnis, ehe er auftreten durfte – natürlich mit einer Steuerveranlagung versehen. Eine Sommer- und eine Winterstimmung der Instrumente war früher üblich. Eginhard Fiebig bedauert sehr, daß heute manche Instrumente ohne entsprechende Wartung strapaziert werden. Eigene Drehorgeln konnten sich die Spieler nicht leisten, sie kosteten damals schon je nach Bauart und Qualität zwischen sechshundert und tausendzweihundert Mark. Sie wurden für einen Taler pro Tag ausgeliehen. Man mußte ganz schön kurbeln, um das wieder einzuspielen, da waren ein profitabler Standort, ein ansprechendes Repertoire und eine gefühlvolle, lockere Hand sowie Gespür für eingängige Melodien gefragt.

Die Drehorgel ist ein Musikinstrument und kein Kinderspielzeug. Sie erfordert Spieler mit einer besonderen Veranlagung und Ausbildung. Bisweilen sahen Komponisten es als Gradmesser für ihre Popularität an, ob sie ins Repertoire der Drehorgelspieler aufgenommen wurden oder nicht. Die Geschichte der Drehorgelrepertoires wäre ein Stück Kulturgeschichte für sich. »La Paloma« soll einsame Spitze gewesen sein. Zeitweilig waren Walzer von Johann Strauß Vater und Joseph Lanner, dann der »Freischütz« von Carl Maria von Weber mit »Jungfernkranz« und »Jägerchor« und natürlich die »Berliner Luft« von Paul Lincke sehr beliebt. Bekannt gemacht wurde das eine wie das andere durch eine wundervoll konstruierte und angeordnete Mechanik, die zu rekonstruieren und neu anzuwenden für Eginhard Fiebig die Herausforderung seines Lebens geworden ist.

Eginhard Fiebig ist ein geborener Berliner, mit Spreewasser getauft sozusagen. Der Zirkus an der Ecke seines Kietzes mit Ponyreiten, Feuerschlucker und eben mit Drehorgelspieler hat den Jungen fasziniert. Das wurde ihm zur unauslöschlichen Kindheitserinnerung, die ihn nicht losließ, bis heute nicht. Eginhard Fiebig hat mir gestanden, daß es sein Wunschtraum ist, einmal in einem Zirkus aufzutreten, als Drehorgelspieler! Zunächst aber hatte er dem Pfad handwerklicher Familientradition zu folgen und sich als Möbeltischler, Modell- und Bootsbauer auszubilden. Als er sich auf diesem Wege ausreichende Mittel erarbeitet hatte und seinen Jugendtraum, eine Drehorgel zu besitzen, verwirklichen konnte, hatte die bekannte Firma Bacigalupo in der Schönhauser Allee ihre Tätigkeit bereits eingestellt. So mögen Trotz und Lust gleichermaßen den Entschluß bewirkt haben, selbst ein Instrument zu bauen, wenn es keines zu kaufen gibt. Dazu mußte Eginhard Fiebig nicht nur seine handwerklichen Fähigkeiten und Fertigkeiten neu profilieren und qualifizie-

ren, auch seine musikalischen Anlagen – er spielt Klavier, Akkordeon und Gitarre – bedurften der zielgerichteten Pflege.

Zehn Jahre lang hat er als Autodidakt Kenntnisse des Drehorgelbaues erworben, experimentiert und den familiären Erfahrungs- und Wissensschatz erschlossen. Manches konnte er von einem seiner Großväter, einem Uhrmacher, übernehmen. Das hat ihm geholfen, die komplizierten Mechaniken allmählich beherrschen zu lernen. Die Orgelpfeifen, auf klare Töne und feines Timbre abgestimmt, mußten aus Holz gebaut und harmonisch in das Gehäuse eingefügt werden. Hier kam ihm die Erfahrung des Tischlers zustatten, die sich mit dem Gehör des Musikers paarte. Wenn jedoch aus feinem weichem Nappaleder auf kleinstem Raum Blasebälge zu installieren waren, die einen Winddruck erzeugen können, der doppelt so hoch ist wie bei Kirchenorgeln, bedeutete das die Auseinandersetzung mit einer neuen Materie und Technologie. Als größte Schwierigkeit, als das Mysterium des Drehorgelbaus, aber stelle ich mir vor, einen musikalischen Notensatz umzusetzen mittels eines Waldes von Metallstiften und -plättchen, die in genau bemessenen Größen und Abständen und Höhen auf einer Walze angeordnet werden, um das Öffnen und Schließen von Ventilen und damit die Luftzufuhr zu den Pfeifen so zu regulieren, daß wohlabgestimmte Melodien erklingen. Einst hat man die Walzen bisweilen nachts gezeichnet und beschlagen, auf daß kein allzu neugieriger Blick das Geheimnis entschleierte. Bloßer Anschein führt da allerdings kaum zum Anklang – und der ist gefordert. Er käme nicht zustande ohne das metallene Kurbel-, Wellen- und Räderwerk, ohne den Bewegungsmechanismus des Instrumentes, der meist in Lagern aus zweckmäßig gewähltem Holz rotiert, die metallenen weit überlegen sind. Leichte, feinjährige Hölzer sind gefragt beim Drehorgelbau. Das rhythmische Feingefühl muß dann der Drehorgelspieler einbringen.

Eginhard Fiebig ist beides – Drehorgelbauer und Drehorgelspieler, und er ist der letzte, der beides ist. Es sei denn, es macht sich wieder ein Gleichgesonnener, Gleichbesessener und Gleichbefähigter auf – noch könnte er bei Eginhard Fiebig vieles lernen.

Die Drehorgel hat nicht nur ein Innenleben, sondern auch ein Angesicht, das sie dem Publikum zuwendet. Die Anordnung der Tonträger muß Wohlklang gewährleisten und ein schönes Aussehen garantieren, dabei klein, handlich, leicht

transportabel sein, obgleich seit Anfang des 20. Jahrhunderts ein Wagen gebräuchlich geworden ist. Malereien oder Intarsien dienen als Ornamente. Bei den Instrumenten, die Eginhard Fiebig restauriert – und er restauriert häufiger, als er neu baut –, ist er natürlich genau wie im Material und der Technologie an die historischen Vorgaben gebunden. Eginhard Fiebig liebt seine Drehorgeln und präsentiert sie gern selbst der Öffentlichkeit. Er weiß: Klang und Erscheinungsbild des Instrumentes bedürfen der Kunst des Drehorgelspielers, um im Publikum eine besondere Stimmung hervorzurufen. Anlaß und Zweck einer Darbietung bestimmen die Wahl des Instrumentes, des Repertoires, der Aufmachung. Heute ist der Drehorgelspieler meist zugleich sein eigner Conférencier, der seinen Melodien eine geistige Verankerung gibt, ehe sie mit lockerer Hand und leichtem Körper dargeboten werden. Aber nicht nur dem Spiel, auch dem Bau der Instrumente ist eine solche Verankerung zu wünschen, im Geistigen wie im Materiellen.

Das Handwerk, das Bernd Grawitter ausübt, hat eine lange Tradition, allerdings nicht in dieser Gegend. So bodenständig die Korbflechterei im alten Fürstenberg ist, so exotisch mutet die Intarsienschneiderei an. In den kleinen Häusern, wie schmuck ihre Besitzer sie halten mögen, vermutet man heute wie damals keinen Intarsienschrank oder Intarsientisch. Intarsienmöbel sind kostbar. Man hängt keine Jeans in einen Intarsienschrank und spielt keinen Skat auf einem Intarsientisch, allenfalls Schach, womöglich mit Elfenbeinfiguren. Intarsie ist Dekoration, Repräsentation. Bernd Grawitter weiß, daß dieser Charakter seiner Produkte den Beruf prägt. Die Intarsie hat eine Beziehung zum Schmuck. Sie ist ein Schmuckelement im Raum, ja man kann aus verschiedenfarbigen und -faserigen Hölzern sogar Bilder gestalten. Malerische Wirkungen mit künstlerischem Anspruch sind möglich, und in seinem Arbeitszimmer hängt ein Bild aus Furnierhölzern, das seinen ästhetischen Reiz auf mich nicht verfehlt, aber zugleich in eine andere Landschaft weist. Bernd Grawitter kommt aus Naumburg, hat dort in einer Möbeltischlerei gelernt, der eine Intarsienschneiderei zugehörte. Die etwa 0,6 Millimeter starken Furnierhölzer haben ihn damals schon angezogen und zu Gestaltungen angeregt. Später arbeitete er als Modelltischler in Frankfurt (Oder). Da gab es ebenfalls die Möglichkeit, Intarsien zu schneiden. In einer betrieblichen Arbeitsgemeinschaft konnte Bernd Grawitter seine künstlerische Gestaltungsfähigkeit erproben und weiter ausbilden. So entstanden Repräsentationsgeschenke, auch

Wandbilder. Das Bedürfnis, selbständig seine Ideen zu entwickeln, wie man die Intarsienschneiderei für die heutige Zeit erschließen könne, die Suche nach einem Gewerberaum für diese Bestrebung haben ihn nach Eisenhüttenstadt geführt, wo er beim Rat der Stadt Verständnis und Förderung fand.

Bernd Grawitter hat sich sehr eingehend mit dem Werdegang der Intarsienschneiderei befaßt, die er als ein Kunsthandwerk versteht, das rund dreitausend Jahre alt ist, Höhepunkte und Niedergänge erlebte, vom Zeitgeschmack beeinflußt wurde und wird und sich vor modischer Extravaganz hüten muß. Zwischen der Intarsie und den Menschen, die ihre Umgebung damit schmücken, sollte eine gefühlsmäßige Beziehung, eine intime heiter-festliche Ausstrahlung bestehen. Er geht davon aus, daß eine allgemeine Hebung des materiellen Wohlstandes und eine feinere Ausbildung des Geschmacks einen günstigen Boden für sein Gewerbe ergeben. Wenn sich der Friedensprozeß in der Welt durchsetzt, worauf er vertraut, werden Mittel und Muße vorhanden sein, das Wohlgefällige an der Intarsienarbeit in geschmackvoll gestalteten Wohn- und Gesellschaftsräumen zu genießen. Dafür müssen die handwerklichen und künstlerischen Fertigkeiten ausgebildet sein, es hervorzubringen.

Zur Intarsie gehört zunächst ein großer Vorrat abgelagerter Furnierhölzer. Bernd Grawitter spricht von einer Sammlung. Sie ist imponierend, und er weist sie mit Stolz vor. Da gibt es Exotenhölzer wie Myrtenmaser, Ahornmaser, Amboinamaser,

Mahagoniarten ebenso wie inländische Obstbaum- und Laubhölzer. Von der Struktur, der Farbigkeit, dem Glanz und Schimmer dieser Hölzer gehen ästhetische Reize aus, die der Intarsienschneider empfinden und aufnehmen muß. Sie schwingen mit, wenn er die Formen und Figuren aufzeichnet, die zur Vorlage für das Schneiden werden. Man kann Furniere aus allen Hölzern schneiden, sagt Bernd Grawitter. Man braucht ein scharfes Messer, eine ruhige, sichere Hand, ein scharfes Auge und die Fähigkeit, jedem Holz mit der gebührenden Kraft zu kommen. Und die wurzelt in der Erfahrung.

Bernd Grawitter sieht in der Intarsie einen Raum- und Möbelschmuck, weniger ein Bild, obwohl heute mehr Bildwerke aus Intarsien gestaltet werden. Er lernt durch das Nachempfinden historischer Formen, gibt es doch in den Zeiten der Renaissance, des Barock und des Rokoko bewundernswerte Leistungen der Intarsienschneider von Leplat bis Roentgen. Das wichtigste Anliegen ist und bleibt ihm aber, eigene, moderne Formen aus dem heutigen Zeitverständnis heraus zu entwickeln und damit Lebensfreude widerzuspiegeln. Die kulturschöpferische Kraft, die in seltenen Handwerksberufen wie in der Intarsienschneiderei stecke, gibt ihnen ein Lebensrecht in der sozialistischen Gesellschaft, meint Bernd Grawitter.

Sein Engagement für die Intarsienschneiderei läßt ihn immer wieder Lehrlinge ausbilden. Bisher wurde seine Lehre stets zu einer Durchgangsstation zur Hochschule für industrielle Formgestaltung Halle. Das spricht sicher nicht gegen die handwerkliche und sehr für die künstlerische Ausbildung, die Bernd Grawitter vermittelt. Trotzdem wünschte er sich, mehr künstlerische und handwerkliche Potenzen blieben an seiner Seite. Doch auch mit seinen fünf Mitarbeitern beteiligt er sich an »Handwerkerstraßen« bei Volksfesten und auf Märkten, um mit der natürlichen Schönheit der Hölzer etwas von der Freude weiterzugeben, die er durch die Intarsie empfindet.

Sucht ein Berliner das Jäger- und Anglerglück, kann ihn solche Passion sogar in die Lychener Wälder und Seen treiben. Findet er gar sein Glück – nicht nur in kapitalen Hirschen und pfundigen Hechten, sondern in Gestalt einer verständnisvollen Frau und Partnerin –, mag wohl ein Handwerk in eine Gegend gelangen, in der man es nicht unbedingt vermutet. Ohne den Gleichklang der Interessen könne man ein Gewerbe, wie er es ausübe, nicht betreiben, meint Peter Langenick. An einen bestimmten Ort hingegen sei seine Tätigkeit nicht gebunden. Eigentlich hat er ja Färber werden sollen und Förster werden wollen, der Opa war das eine, der Onkel das andere. Aber der Faden seines Lebens – an dem er in seiner energisch

zupackenden, impulsiven Art zweifellos erheblich mitgedreht hat – führte ihn einen anderen Weg. Er hat ein Handwerk erlernt, mit dem er in dieser Landschaft eine Rarität ist, ein Außenseiter, der einzige im ganzen Bezirk Neubrandenburg. Weit und breit ist er der größte Stromabnehmer – ein Transformatorenhäuschen arbeitet fast nur für ihn. Sein Beruf ist ohne amperereiche und spannungsarme Elektrizität und austarierte chemische Lösungen nicht denkbar. Und doch ist er Handwerker, der Peter Langenick, Galvaniseur.

Die Galvanik basiert auf der physikalischen Chemie, besonders auf der Elektrochemie, und erfordert ein solides naturwissenschaftliches Grundwissen. Werner von Siemens war es, der für seine galvanischen Vergoldungen und Versilberungen 1842 sein erstes Patent in Preußen erwarb. Peter Langenick hat an der Ingenieurhochschule für Elektronik in Dresden einen Abschluß für Oberflächentechnik und Galvanotechnik erworben, noch bevor er 1972 Meister des Galvaniseurhandwerks wurde. Ein Handwerker, der mit modernen naturwissenschaftlichen Erkenntnissen umgehen muß wie der Galvaniseur, tut gut daran, seine bewährten Praktiken mit dem neuesten Wissensstand der Industrie in Einklang zu bringen. Das verbürgt schöne und zweckentsprechende Geräteveredelung bei sparsamstem Aufwand. Peter Langenick weiß, wie man das macht, und dem Kunden sei empfohlen, seinen Rat einzuholen, bevor er beginnt, sein Gerät zu produzieren.

Für jedes Metall bedarf es eines eigenen Elektrolyts. In Peter Langenicks Werkstatt stehen Bäder für Kupfer, Nickel, Chrom und Zink bereit. Auch andere Veredelungen wären denkbar – selbst Vergoldung und Versilberung. Sie benötigen aber eigene Lösungen. Alle Stücke müssen gereinigt, geschliffen und poliert

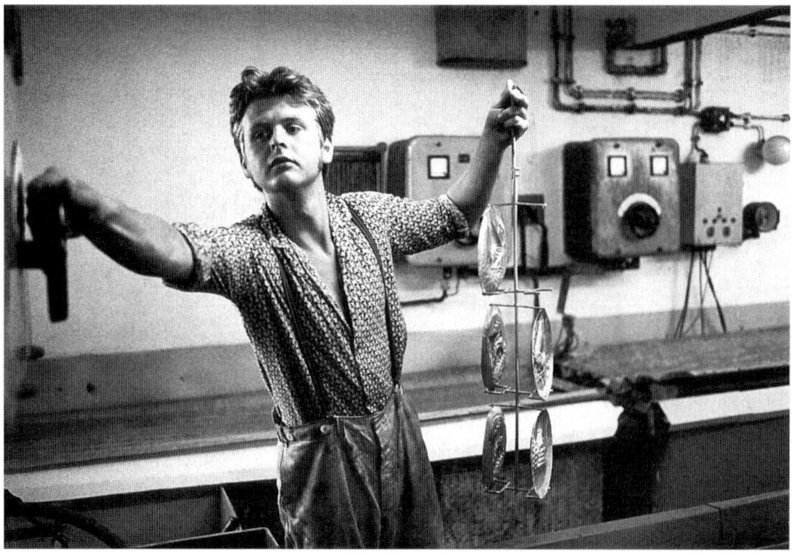

sein, bis das Metall rein zutage liegt, ehe sie galvanisiert werden können. Der Galvaniseur muß also zugleich ein versierter Metallschleifer und Polierer sein. Der größte Feind des Galvaniseurs sei das Fett, sagt Peter Langenick. Deshalb wird jeder Gegenstand, vom Küchengerät und Möbelbeschlag, vom Auto-, Motorrad-, Fahrrad- und Nähmaschinenteil bis zu Vasen, Schalen, Körbchen, Beleuchtungskörpern und was in Peter Langenicks Werkstatt sonst an Metallgeräten – von Kunden selbstgefertigt und erworben – veredelt wird, mechanisch und chemisch mehrfach gereinigt, bevor er ins galvanische Bad kommt. Eine selbstgebaute Vorrichtung hält das zu beschichtende Werkstück sinnvoll in den Elektrolyt. Der Galvaniseur veredelt Produkte, er produziert nicht. Aber die Veredelung bedeutet, nicht nur Glanz und Schönheit, sondern auch den Gegenständen längere Lebensdauer zu verleihen. Wie lange dabei die Elektrolyte zu verwenden sind, hängt ab vom Wissen und von der Erfahrung des Galvaniseurs. So bemerkt Peter Langenick mit Stolz, daß es ihm gelungen ist, das Chrombad seit 1971 in den erforderlichen Parametern ständig zu regenerieren und effektiv zu halten. Richtig betriebene Galvanik sei eine materialsparende Technik. Abfall gebe es dabei nicht. Einfälle hingegen seien der Nährboden allen handwerklichen Schaffens. Dieses Veredelungsverfahren der physikalischen Chemie ist in seiner handwerklichen wie industriellen Anwendung keineswegs am Ende der Möglichkeiten. Kooperation zwischen Handwerk und Industrie sei nützlich für alle.

Auch außerhalb des Betriebes verläuft der Alltag der Langenicks selten geruhsam. Es sei denn, Peter Langenick sitzt auf dem Anstand nach einem Bock oder einem Hirsch – er ist passionierter Jäger –, oder er geht auf einen Hecht oder Zander in den Seen seiner Umgebung – als Angler hat er sich schließlich in dieser Gegend festgehakt. Aber vor Weidmanns- und Petri Heil hat die Jagdordnung Hege- und Pflegepflichten gesetzt, denen Peter Langenick geflissentlich nachkommt. Mit eigenem Traktor und Grasmäher macht er Heu für die Wildfütterung – und er tut das gern, ebenso wie er sich ein repräsentatives Boot selbst gebaut hat. Die Produktion ist sein Abenteuer! Jäger und Angler – ein so naturhaftes Hobby für einen Handwerker modernster technischer Couleur? Peter Langenick braucht den Kontrast als Ausgleich und zur Entspannung, und er fühlt sich wohl in der Werkstatt, im Wald, in seiner Wahlheimat Lychen überhaupt. Der passionierte Waldhornbläser wird noch manches Halali durch die Wälder und Auen schallen lassen können, sei es aus beruflichem oder jagdlichem Glücksgefühl heraus.

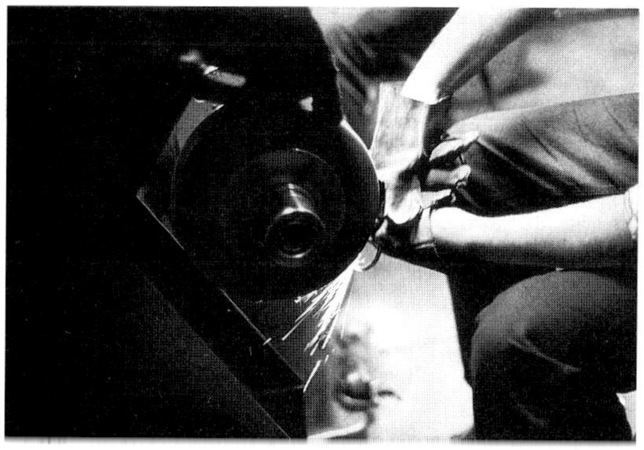

Die Zeiten, als das Korn noch mit der Sense gemäht, mit dem Pferdewagen oder dem Ochsenkarren in die Scheune gefahren, mit dem Dreschflegel gedroschen und allgemein mit der Windmühle gemahlen wurde, sind bei uns vorüber. Damals hatte das Handwerk des Stellmachers einen hohen Rang. Ob Schubkarre, Leiterwagen oder herrschaftliche Kutsche – sie gingen aus seinen Händen hervor. Die Grundlage der genannten Fahrzeuge war das Rad, eine der bemerkenswerten menschlichen Erfindungen. Eine kreisrunde Felge mittels Speichen um eine Nabe zentriert, alles aus Holz, mit einem eisernen Reifen umfaßt, der Halt und Dauer verleiht: das Wagenrad.

Das Rad sei die Seele des Wagens, sagt Werner Schwarz. In seiner Stellmacherlehre zwischen 1938 und 1941 hat er die Fertigkeit erworben, diese komplizierte und kunstvolle Produktion mit handwerklicher Meisterschaft zu beherrschen. Er lernte aber auch, die Räder mit Achsen zu verbinden, einen Wagen so darauf zu lagern, daß er trotz hoher Belastung die Drehung und Lenkung der Räder nicht behindert und Tieren gestattet, ihre Zugkraft für die Bewegung des Wagens einzusetzen. Es dauert schon seine Zeit, bis man alle Teile eines Wagens herstellen und fest zu einem Ganzen fügen kann. Als Werner Schwarz es vermochte, mußte er in den Krieg ziehen, aus dem er nicht unversehrt zurückkehrte. Doch seine Fähigkeit, Wagen für landwirtschaftliche Zwecke zu fertigen, war gefragt. Stellmacher und Schmiede haben den Bauern – aber nicht nur ihnen – nach 1945 wertvolle Dienste geleistet. Eine Tat, von der Notiz

genommen werden müßte, meint Werner Schwarz. Wir stimmen ihm zu. Allein darin erschöpfen sich die Verdienste des Stellmachermeisters nicht. Zur 750-Jahr-Feier der Stadt Eggesin hat er historische Kutschen restauriert, die Nobelmarken unter den Gespannfahrzeugen. Da war sein Beruf schon ein seltenes Handwerk geworden, weil die meisten Pferde und Ochsen längst ausgespannt und durch Traktoren ersetzt worden waren, die andere, leistungsfähigere Fahrzeuge zogen. Das Rad konnte auch das moderne Transportsystem nicht entbehren, wohl aber den Stellmacher.

Daß Werner Schwarz noch immer als Stellmacher arbeitet, ist einem Zufall zu danken. Im Jahre 1970 mochte es gewesen sein, da traf er in Pasewalk einen Pferdeliebhaber und -züchter, der im Gestüt Templin arbeitete, wo Traberpferde gezüchtet werden. Dort wurden Sulkys gebraucht, die bis dahin importiert werden mußten. Werner Schwarz studierte diese leichtgewichtigen Fahrzeuge, machte sich mit allem vertraut, worauf es beim Trabrennsport ankommt, konstruierte und baute seinen ersten Sulky – und fand Anklang bei den Jockeys, den Gestüten und in Karlshorst, auf der Rennbahn. Seitdem durchstreift er die Wälder nach Eschen, die für die Herstellung der drei Meter langen, stark geschwungenen Scheerbäume geeignet sind. Die Pferde müssen ungehindert laufen, der Jockey muß bequem sitzen können. Ein Sulky soll allen Beanspruchungen standhalten. Wichtigstes Verschleißteil ist das Rad. Man hat herausgefunden, daß man am besten mit Hinterrädern von Fahrrädern fährt.

Die Werkstatt des Stellmachers hat viel gemein mit der eines Tischlers. Da wird gesägt, gehobelt, gestemmt, geleimt, genagelt, Holz in Dampf erweicht, mit Zwingen in Formen gezwängt, gebeizt und lackiert. Schließlich fügt man es mit Metallen und anderen Stoffen zusammen. Bei allen Holzarbeiten hat man es mit einem Material zu tun, durch das einmal Lebenssaft geflossen ist und das genügend getrocknet und abgelagert sein muß, ehe man ihm die Form geben kann, die ihm zugedacht ist. Doch selbst da ist noch immer mit einem Rest an Lebendigkeit zu rechnen. Die Bearbeitung von Holz erfordert nicht nur das sprichwörtliche »Holzauge«, sie erfordert auch viel Wissen und Erfahrung. Werner Schwarz besitzt diese Qualitäten. Als Stellmacher repräsentiert er ein seltenes Handwerk. Als Sulkybauer ist er einzigartig in der Deutschen Demokratischen Republik. Aber wer folgt ihm nach, wenn er einmal den Hobel hinlegt? Wer setzt seine Arbeit fort? Manchmal kommen Soldaten aus der Eggesiner Garnison in ihrer Freizeit zu ihm. Junge Leute, denen es Spaß macht, mit Holz umzugehen, die lernen wollen, es zu formen und zu gestalten. Bei Werner Schwarz können sie es lernen. Vielleicht entsteht so ein Brückenschlag, alte Fähigkeiten und Fertigkeiten des Handwerks in neuen Bezügen fort- und wiederaufleben zu lassen. Auf alle Fälle darf in der Fülle moderner mechanischer Radsysteme die Fähigkeit nicht verlorengehen, das einfache, elementare Holzrad herzustellen, das zum Symbol menschlicher Mobilität geworden ist.

Es gibt sie noch, die knorrigen alten Windjammer, die einst Ozeane überquerten, in Flauten dösten, in Stürmen stöhnten, in widrigen Winden kreuzten und bei günstiger frischer Brise ihre Bahn zogen mit vollen Segeln – wohin auch immer. Sie brachten Gold und Gewürze nach Europa, Soldaten und Missionare nach Asien und Afrika, Sklaven nach Amerika. Sie machten Kaufherren reich, Korsaren und Piraten begehrlich – alles vorbei. Aber Segelschulschiffe kreuzen noch heute auf den Meeren, und Segelsportler brauchen nach wie vor Wind – und Segel. Einer, der diesen launischen Luftstrom als Antriebskraft für Boote einfangen will, tut gut daran, ihn sich erst einmal um die Nase wehen zu lassen. Adolf Zenk aus Grambin jedenfalls hat zunächst als Fischer sein Gesicht in den Wind gehalten, bevor er in die Werkstatt seines Onkels in Ückermünde eintrat, um den Beruf eines Segelmachers zu erlernen. Das theoretische Rüstzeug für ihren Beruf erwerben die Segelmacher gemeinsam mit Sattlern, Täschnern und ähnlichen Berufssparten, und den Nachweis ihrer Kenntnisse erbringen sie im tiefen Hinterland, in Ohrdruf, das im Windschatten des Thüringer Waldes liegt. Fingerspitzengefühl für das Segeltuch, seinen Zuschnitt und die Verarbeitung kann der Segelmacher nur vor Ort gewinnen.

Jedem Bootskörper wird seine Besegelung angemessen wie der Braut das Hochzeitskleid. Alles muß passen und schmücken. Wenn der Entwurf des Bootes vorliegt, entwirft der Segelmacher die dafür geeigneten Segel. Nur für Sportboote gibt es Normen. Sicherheit und Schnelligkeit, leichte Handhabung und Widerstandsfähigkeit werden in jedem Fall verlangt. Besondere Kundenwünsche berücksichtigt der Segelmacher. Schließlich ersehnt jeder Kapitän das schönste und schnellste Boot, auch wenn es nicht mehr darum geht, Beute zu machen oder dem Schicksal, Beute zu werden, zu entrinnen. Aber ein Abenteuer liegt wohl noch heute darin, sich den Winden zu stellen und den Stürmen zu trotzen. Adolf Zenk hat Raum in seiner neuen Grambiner Werkstatt, seine Kunden für ihre Seeabenteuer auszurüsten. Nicht immer ist das benötigte Segeltuch vorhanden, den Raum ganz auszufüllen. Trotzdem werden die robusten, von Mitarbeiterinnen bedienten Nähmaschinen verschlissen. Was die Nähmaschinen nicht aneinanderfügen, wird mittels der starken dreieckigen Nähnadeln verbunden, die nur durch einen metallbewehrten Handschuh in das wind- und wetterfeste Segeltuch gedrückt werden können.

Das Seil- und Riemenwerk, das die Segel mit Mast und Gestänge des Bootes so miteinander verknüpfen, daß eine möglichst flotte Flexibilität gesichert ist, stellt Adolf Zenk nicht selbst her. Eine komplette Beseilung für seine Boote bekommt er zum Beispiel von der Produktionsgenossenschaft des Handwerks »Waterkant«. Dieser Betrieb am Bollwerk in Stralsund fertigt nicht nur maritimes Zubehör. Die zweihunderttausend Seile, die er im Jahr herstellt, werden vom Schwermaschinenbau genauso benötigt wie von der Medizintechnik. Gewiß war der Schiffsbau für den von Julius Guldbrand einmal begründeten Betrieb der Ausgangspunkt. Aber die Drahtseile von drei bis neununddreißig Millimeter Durchmesser und das Tauwerk aus Sisal oder Hanf oder Kunstfasern zwischen einem und sechsunddreißig Millimeter Durchmesser, das heute innerhalb und außerhalb der TGL-Maße vom Betrieb nach Maßgabe der Kundenbestellung angefertigt wird, kann jedem Zweck zu Wasser, zu Lande und in der Luft angemessen werden. Dieses Anpassen des Seiles an die vorgesehene Verwendung ist es, was die PGH »Waterkant« für Adolf Zenk genauso interessant macht wie für viele Kunden aus anderen Zweigen der Wirtschaft. Das Seilzeug, das die Segel an Mast und Stangen hält, ist von der dünneren Sorte. Nichtsdestoweniger muß es strapazierfähig und leicht handhabbar sein, soll dem Wind immer eine optimale, aber nie zu große Segelfläche, die das Gefährt zum Kippen bringen könnte, dargeboten werden. Adolf Zenk segelt selbst hin und wieder auf dem Haff. Aber eher auf einem Zeesenboot als auf einem Luxuskreuzer – da macht sich ein bißchen die Mentalität des Haffischers bemerkbar. Das paßt auch besser zu ihm. Und das lichte Blauweiß, das an diesem Nachmittag über dem Haff liegt, an dem ich durch seinen Garten und die Werkstatt streifte, steht einem Zeesenboot genausogut an wie einem Kielboot der Luxusklasse.

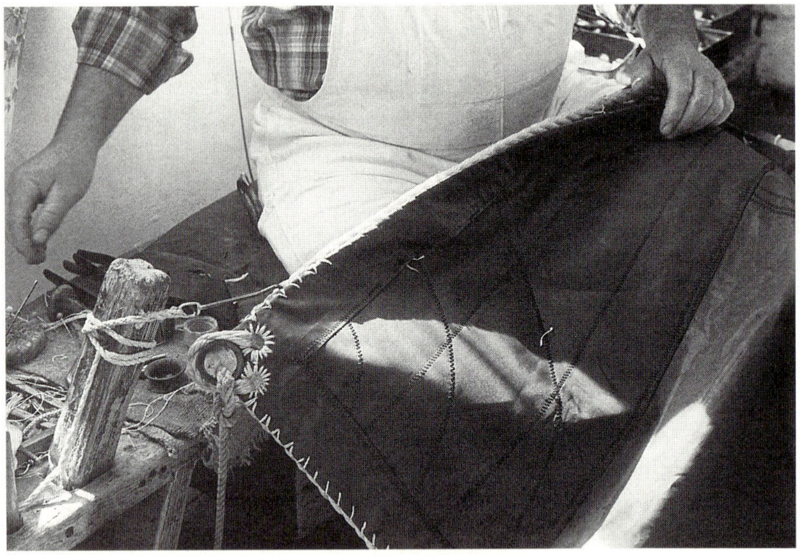

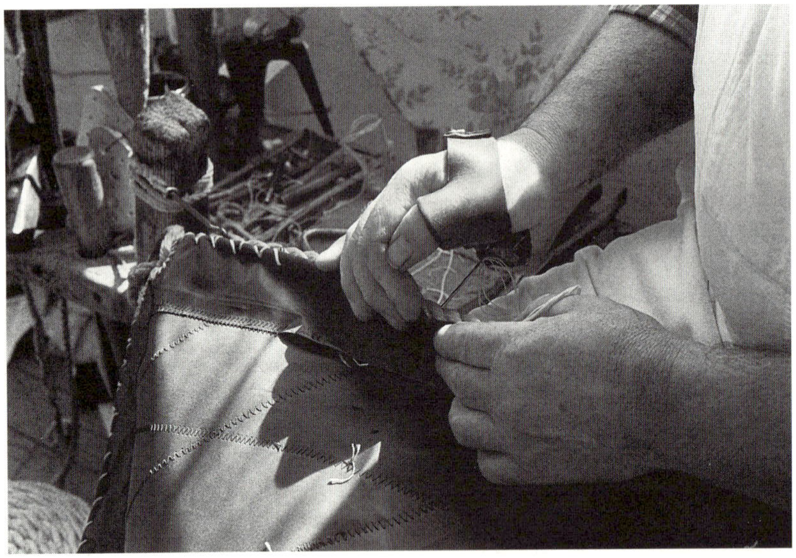

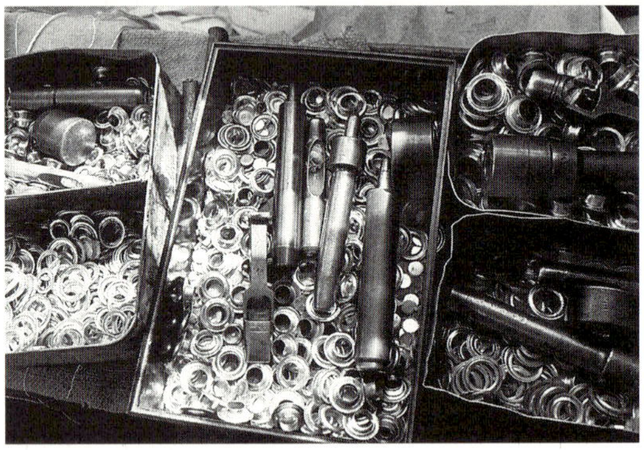

»Mir wird von alledem so dumm, als ging' mir ein Mühlrad im Kopf herum«, beklagt sich der Schüler in Goethes »Faust«, als ihm Mephistopheles eine Lektion über die »Gedankenfabrik« erteilt, in der künftige Gelehrte hervorgebracht werden. Mir ging der Mühlstein im Kopf herum, als ich nach Loitz in Mecklenburg fuhr, um mir in der Firma Helios-Mühlenbau ein Bild zu machen, wie denn dieser rotierende Rundling, der sich zweckmäßigerweise besser in Mühlen als in Köpfen dreht, beschaffen sein muß und wie er hergerichtet wird.

Klaus Grube, der die Loitzer Mühlsteinproduktion viele Jahre leitete, und sein Sohn Karsten, der ihr jetzt vorsteht, vom Vater noch immer tatkräftig unterstützt, sind wohl nahezu die letzten in der Deutschen Demokratischen Republik, bei denen man sich darüber ein genaues Bild machen kann. Und man ist überrascht, daß Steinquader, wie sie ehemals etwa in den Johndorfer Mühlsteinbrüchen gebrochen wurden, völlig außer Mode sind. Nur in der Senfmüllerei verwendet man nach wie vor Granitsteine, Sandsteine bleiben heute in den Bergen. Das Mehl, das wichtigste Mahlprodukt, wird längst mit metallenen Walzenstühlen gemahlen. Allerdings werden die Walzen in Loitz wiederaufgearbeitet, auf automatisch arbeitenden Schleif- und Riffelbänken, die genau auf den geforderten Riffelwinkel und den Drall eingestellt sein müssen. Trotz der metallenen Mühlen haben die steinernen ihre Bedeutung behalten, als Schrotmühlen. Schrot aus Steinmühlen sei besser aufgeschlossen und für die Tierfütterung geeignet, erläutert Klaus Grube. Aber sogar in Brauereien und Brennereien seien steinerne Mühlsteine sehr gefragt, fügt er hinzu. Doch nicht nur in der Schrot-, Graupen-, Haferflockenherstellung fände man Mühlsteine aus Loitz, auch bei der Hartgummivermahlung, bei der Schwer- und Flußspatgewinnung in Trusetal und bei der Gipsvermahlung im Gipswerk Rottleberode bei Nordhausen. Mühlsteine entstehen heute künstlich. Die Mahlfläche wird aus einem genau abgestimmten und abgewogenen Gemisch aus Quarz, Koraffin, dem aus Korea eingeführten Bindemittel, Magnetit mit einer Chlor-Magnesium-Lauge in vorbereiteten Formen angesetzt. Die Schälmaschinen, die das Getreide von seinen Spelzen befreien, haben einen Belag aus Korund, Magnesit und einer Chlor-Magnesit-Lauge. Solche Segmente werden in Loitz auch mit neuem Belag versehen. Was die früheren bäuerlichen Mühlen in der DDR, die jetzt meist für die individuelle Tierhaltung genutzt werden, an Mühlsteinen brauchen, kommt weitgehend vom Peenestrand.

Der Stein muß genau den bestellten Maßen entsprechen. Normen und Standards hat es für Mühlen nie gegeben. Früher stellte jeder Mühlenbauer alles, was zu Mühle gehörte, selbst her. Und für die Mühlsteine hatte er sein eigenes Maß, genau wie für die Mühlen. Auch der 1848 von Dettmann in Loitz gegründete Helios-Mühlenbau verfügte einst über eigene Sägegatter, die das im Walde ausgewählte Holz zuschnitten. Auf einem Pferdewagen transportierte man es an Ort und Stelle, wo die Mühle errichtet und vollständig ausgestattet wurde. Holz wird noch in den oberen Etagen des Betriebes verarbeitet. Dort werden Radkämme für das Getriebe der Läufersteine aus Weißbuche geschnitten. Diese Holzzähne machen nicht nur den Gang geräuschärmer, sie sind leichter auszuwechseln, sollten sie einmal durch Fremdkörper Schaden erleiden. Es ist ja nicht nur Sand, der ins Getriebe geraten kann. Auch bei Mühlen!

Der Mühlenbauer muß also Holz, Metall und Stein bearbeiten können, selbst wenn er sich auf die Herstellung von Mühlsteinen konzentriert wie Klaus Grube, nachdem er 1954 den Betrieb übernommen hatte. Er verschließt sich aber nicht, andere Arbeitsmittel für Mühlen und artverwandte Betriebe anzufertigen, wenn Not am Manne ist. So baut die Firma Helios neue Schrotmühlen für die Tierproduzenten landwirtschaftlicher Produktionsgenossenschaften mit einem Steindurchmesser zwischen tausend und tausendvierhundert Millimetern, einschließlich der erforderlichen Zusatzanlagen zum Beschicken und Abfüllen. Ganze Windmühlen konstruiert und restauriert heute wohl nur noch der Mühlenbauer Hans-Jürgen Zecher in Wittenburg, der allerdings gelegentlich seine Mühlsteine von den Grubes in Loitz bezieht. Karsten Grube hat 1981 die Nachfolge seines Vaters angetreten und weist dem Betrieb einen Weg in die Zukunft, dessen Gebäude von der Denkmalspflege in Obhut genommen werden sollen, wovon der junge Meister nicht gerade begeistert ist. Er hätte sich eine andere berufliche

Orientierung denken können. Mühlsteinhersteller ist nicht sein Traumberuf. Er stellt sich aber der Aufgabe, die in der Familientradition und in der gesellschaftlichen Bedeutung der Firma liegt, aus Pflichtgefühl und sicher auch, weil das alte Gewerbe noch immer seinen Mann zu nähren vermag, denn in der Getreideverschrotung werden auf lange Sicht nicht nur Tonnen und Abertonnen von Getreide, sondern zugleich mancher Stein zerrieben. Und dann sind da sein Heimatort Loitz und die Peene, die gleich hinter dem väterlichen Anwesen vorüberfließt und auf der Karsten wie Vater Klaus gleichermaßen gern schippern, wenn es die Zeit erlaubt. Außerdem müssen die Rillen der Steine nach einer gewissen Zeit wieder geschärft werden. Das können natürlich zünftige Müller selbst machen. Doch sie brauchen in Handarbeit mit dem Hammer mindestens einen ganzen Tag, während die Grubes das mit einer Preßluftvorrichtung in zwei bis drei Stunden leisten können – und es fällt ihnen leichter. Viele Handwerker richteten und richten ihr Sinnen und Trachten auf effektive und rationelle Arbeitsweisen. Karsten Grube denkt mehr in diese Richtung, ohne sich den denkmalspflegerischen Gedanken zu verschließen, denn er ist überzeugt, daß technische Denkmale genauso pflegewürdig und bewahrenswert sein können wie Schlösser, Parks, Kirchen, Rathäuser, Kaufhäuser, Wohnhäuser. Aber das wichtigste scheint doch, daß die Fähigkeit, Mühlen, Mühlsteine, Mühlenzubehör zu bauen und zu restaurieren, nicht verlorengeht. Wenn niemand mehr ein Mühlrad oder einen Mühlstein kennt, weiß er auch nicht, was sich im Kopfe des mephistophelisch unterrichteten Schülers in Goethes »Faust« dreht.

Die Holländer-Galerie-Mühle am Rothen Strumpf bei Dabel im Kreis Sternberg steht weithin sichtbar auf einer leichten Anhöhe im Mecklenburger Land. Im Gegensatz zu Wassermühlen, die sich oft in bewaldeten Bergtälern verstecken, brauchen Windmühlen die große Fläche oder die windige Höhe, damit ihre Flügel voll in die strömende Luft gestellt werden können, so daß Bewegung in das verzweigte mechanische Getriebe des Mahlwerkes kommt. Der Mühlenkörper ist bei der massiven Holländer-Galerie-Mühle wuchtiger und ausladender als bei den hölzernen Bockmühlen oder auch den Paltrockmühlen, die beide ihren ganzen Körper bewegen müssen, wenn die Flügel in den Wind gehen sollen. Voller Wind bringt volle Leistung. Bei Sturm allerdings muß die Mühle aus dem Wind gedreht werden, sonst dreht sie durch. Die Holländermühle ruht auf einem steinernen Fundament und hat eine bewegliche Haube. Sie kann größer und geräumiger angelegt werden als die Bockmühlen oder Paltrockmühlen. Trotzdem vibriert das ganze Mühlengehäuse, sobald das Mahlwerk in Gang ist. Selbst wenn die Mühle heute nicht mehr mit Wind, sondern mit Elektrizität angetrieben wird, man hört und sieht und spürt den Mahlvorgang.

Von der einen, von oben bis unten durch die Mühle gehenden Antriebswelle, der »Königswelle«, werden nicht nur die Mühlsteine und die Walzen getrieben, auch Rüttelsiebe und Elevatoren, durch die das Getreide und die Mahlprodukte horizontal oder vertikal hindurch müssen. Sogar ein Personenaufzug hängt an der Welle, mit dem der Müller in Windeseile in die erste oder zweite Etage seiner Mühle hinauf- oder wieder herabschweben kann. Ein für Uneingeweihte verwirrendes Riemenwerk und Schaltwerk wird vom Müller ständig observiert und reguliert. Eigentlich ist ja die Mühle der erste mechanische Automat in der Geschichte der Technik. Und trotzdem ist ein Windmüller ein Handwerker. Er arbeitet mit allen Sinnen. Nicht nur Auge und Ohr wachen über den Gang des Getriebes. Auch der Tastsinn und der Geruchssinn sind im Spiel, um zu gewährleisten, daß einwandfreies Korn in einem regelmäßigen Mahlvorgang in Mehl verwandelt wird, das die vorgeschriebenen TGL-Normen aufweist. Ein Müller riecht, wenn im Korn etwas faul ist, und er hat ein Fingerspitzengefühl dafür, daß Mehl zwar aus-, aber nicht totgemahlen wird.

Der Müllermeister Fritz Döscher hat die 1892 gebaute Mühle von seinem Vater übernommen, der sie 1932 billig kaufte und vor dem Abriß bewahrte. Vater Döscher hatte in Lübz den Beruf des Müllers erlernt, war noch zünftig auf Wanderschaft gewesen und scheute sich nicht, in wirtschaftlich schwieriger Zeit die Mühle aus einer Konkursmasse zu erwerben. Er hat sich behaupten können. Fritz Döscher junior wurde bereits auf dem Anwesen geboren. Von Kind auf mit der Mühle verwachsen, führt er sein »produzierendes technisches Denkmal« mit Stolz vor und erweist sich als dessen Seele, die den ganzen Mühlenkörper mit Leben erfüllt. Während er gerade erklärt, daß mit den klassischen Mühlsteinen, dem ruhenden Bodenstein und dem rotierenden Läuferstein, heute nur noch Schrot gemahlen

Meisterbrief

wird, Mehl aber von metallenen Walzen – sie könnten auch aus Porzellan sein –, ist er mitten im Satz plötzlich verschwunden, wie ein Kobold unter einer Tarnkappe. Ebenso überraschend steht er wieder neben einem, von oben herabgeschwebt oder von unten herauf – von rechts oder links oder hinten heran –, er allein könnte das sagen. Da kann man sich schon vorstellen, wie Sagen und Märchen von Mühlengeistern aufgekommen sind.

Der Beruf des Müllers, dem bäuerlichen Getreideanbau eng verbunden, ist auf eine immer bessere Nutzung der Körner durch Zerstampfen, Zerquetschen oder Zerreißen gerichtet. Ein feststehender Bodenstein und ein darauf regelmäßig rotierender gerillter Läuferstein erwiesen sich bald als das beste Verfahren, Körner zu mahlen und für menschliche und tierische Ernährung verwendbar zu machen. Die älteste bekannte Mühle dieser Art stammt aus der Induskultur und ist etwa dreitausendsechshundert Jahre alt. Jahrtausende hindurch ist das so geblieben. Erst in heutiger Zeit setzt man mit modernen Techniken das Zerquetschen

der Körner wieder in großem Stil zur Mehlgewinnung ein. Nicht jedoch in Dabel, dort wird traditionell gemahlen, wie in vielen Mühlen, selbst in industriellen Großmühlen. Wasser und Wind mittels technischer Einrichtungen statt menschlicher Armkraft oder tierischer Zugkraft für das gleichmäßige und dauerhafte Drehen des Mühlsteines zu nutzen war nicht nur eine Erleichterung für den Menschen, sondern zugleich wesentlich effektiver. Seit das gelang, ist »bei Tag und bei Nacht der Müller stets wach« und »mahlet das Korn für das tägliche Brot«. Jahrtausende hindurch »ricke-racke, ricke-racke, geht die Mühle mit Geknacke« durch das Leben vieler Länder und vieler Geschichten.

Auch Fritz Döschers Mühle war buchenswert, und sein Kampf um leistungsfähige Windmühlenflügel an seinem produzierenden technischen Denkmal erinnert an den des Don Quichotte. Seine Windmühlenflügel sollen nicht nur dekorativen Zwecken dienen, sondern gegebenenfalls die Mühle ohne Leistungsminderung betreiben können. Denn er will beides: seinen fünf- bis sechstausend Gästen im Jahre eine funktionierende Windmühle vorführen und seine siebenhundert Tonnen Mehl im Jahre abliefern. Deswegen läuft seine Mühle oft bis Mitternacht. Und wenn Fritz Döscher in Haus und Hof nach dem Rechten sieht, läßt er sein Mahlwerk ruhig weiterlaufen, denn mit Hilfe eines Elektrikers hat er ein Klingelsystem eingerichtet, das ihn alarmiert, wenn Unregelmäßigkeiten auftreten. Rasches und richtiges Handeln seien wichtig in solchen Fällen, damit keine gravierenden Schäden auftreten, sagt er. Laufen bestimmte Riemen ab, steht die ganze Mühle still. Bei Fritz Döscher kann man sich einen solchen Fall kaum denken, denn er läuft schneller als alle Riemen seiner Mühle. Kraft und Geist zum Handwerk müßten dasein, meint er, und der Wille, Schwierigkeiten nicht zu scheuen, sondern sie zu überwinden. So klappert sie denn, die Mühle am Rothen Strumpf …

»Jeder Ofen hat seine Geschichte«, sagt Gerd Blievernicht. Leider ist hier nicht der Raum, das Füllhorn der Ofengeschichten auszuleeren, obwohl sie nicht nur lehrreich, sondern auch vergnüglich wären. Eine vielleicht sei in groben Zügen angedeutet, Gerd Blievernichts erste Ofenbaugeschichte, die er erlebte, als er in Bad Doberan bei dem alten Meister Paul Trost das Handwerk des Ofensetzers von der Pike auf lernte. Er verdankt dem Meister Trost die Fertigkeit, einen Ofen in seiner wärmespendenden Aufgabe optimal zu konstruieren und zugleich als plastischen Körper im Raum schön zu gestalten. Bei ihm lernte er noch, im Winter die Kacheln zu formen, zu färben, zu glasieren und zu brennen, die im Sommer verarbeitet wurden. Als erste selbständige Arbeit aber übernahm Gerd Blievernicht einen Auftrag, den sein Meister abgelehnt hatte, nämlich die originalgetreue Rekonstruktion eines historischen Ofens. Gerd Blievernicht wagte und gewann! Mit diesem Auftrag wurde sowohl der kritische Blick des Meisters auf seinen Gesellen als auch dessen Blick auf den kulturgeschichtlichen Wert, der in einem häuslichen Wärmespender stecken kann, geschärft. Und an den kulturgeschichtlich wertvollen Beispielen entwickelte er eine Sensibilität dafür, die wärmende und die raumfüllende und schmückende Aufgabe eines Ofens auf originelle Weise zu verknüpfen. Eine Fähigkeit, die Gerd Blievernichts Öfen weithin begehrt macht.

Nicht nur Öfen, auch Ofensetzer haben ihre Geschichten und Geschichte. Die von Gerd Blievernicht führte aus der einklassigen Landschule in Stove auf einem klippenreichen Weg bis zu seinem kunsthandwerklich anerkannten Betrieb in Zickhusen, der bei Denkmalspflegern wie anspruchsvollen Ofenliebhabern in neuen Häusern große Reputation besitzt. Seine Ornamente, Medaillons, Kronen finden selbst bei industriellen Kachelherstellern Interesse. In Velten und Meißen wurden schon Kachelentwürfe von Gerd Blievernicht in das Sortiment der industriellen Produktion übernommen. Bei seinen historischen Kacheln fühlt sich Gerd Blievernicht der Kulturtradition verpflichtet: dem mecklenburgischen Braun, den Lehmglasuren aus einheimischen Materialien. Dabei wendet er alte, kaum noch bekannte Techniken an, zum Beispiel Schmelzöfen, die Zinn- oder Bleiglasuren herzustellen gestatten. Die Restauration von Schmelzöfen ist eine Spezialität des Meisters. Die Kacheln solcher Öfen fachgerecht zu regenerieren ist eine besondere Kunst, die nur wenige Ofensetzer beherrschen. Dazu kommt, daß er die rechteckige Form der Kachel der quadratischen vorzieht. Deshalb greift er auf die rechteckigen des sächsischen oder rheinländischen Maßes zurück, deren Verhältnis von Länge und Breite vom Goldenen Schnitt abgeleitet wird. Bei Ornamenten und Figuren übernimmt er überkommene Darstellungen. Selbstverständlich spielen Wünsche und Geschmacksrichtungen der Kunden eine Rolle. Künstlerische Aufgaben löst Gerd Blievernicht in enger Zusammenarbeit mit Innenarchitekten und bildenden Künstlern, wenn es etwa darum geht, die historische Gaststätte »Der alte Schwede« in Wismar zu restaurieren, oder um ähnliche Vorhaben. Enge Verbindung hält er mit den Denkmalspflegern in den drei Nordbezirken.

Bei traditionsverpflichteten Ofenrekonstruktionen ist er in Form, Farbe und Funktion streng gebunden, darf er aber seiner eigenen Geschmacksrichtung folgen, neigt er dem hoffnungsfrohen Grün zu, einem »Kuhscheißgrün«, wie er es

bezeichnet. Und irgendwie ist das ja der Mecklenburger Landschaft auch angemessen. Bei seinem Bestreben, Öfen vom Entwurf bis zum Aufbau, von der Kachel bis zur Ofentür selbst zu machen, helfen ihm zwei Ofensetzer und sein Schwiegersohn, ein gelernter Schlosser, der für die Gestaltung der metallenen Elemente der Öfen beste Voraussetzungen mitbringt. Durch die Ausbildung von Lehrlingen gibt er die Blievernichtsche Ofensetzerkunst außerhalb der Familie weiter.

Die Arbeitsstätte Meister Blievernichts, der in Bad Kleinen, Bezirk Rostock, wohnt, liegt wenige Kilometer entfernt, in Zickhusen, Bezirk Schwerin, in einem alten Bauerngehöft – pflegwürdig wie die Handwerkskunst des Meisters. Wie es dazu kam – das wäre wiederum eine Ofensetzergeschichte eigener Art, eine menschlich bewegende, erschütternde Biographie, die sich dem Blick in eine Werkstätte verschließt. Nicht nur die Öfen Gerd Blievernichts haben ihre Geschichte.

Die Faszination des Metalls für die Menschen wird bereits in alten Sagen bekundet. Den Männern, die den glänzenden Stoff der Erde abringen und ihn trotz seiner Härte und Sprödigkeit formen konnten, zollte man Bewunderung, ja ihnen wurde sogar magische Kraft zugesprochen. Sie gaben den Helden ihre Wehr und den Frauen ihre Zier. Als beide noch metallen gegürtet wurden, mag auch eine Berufsbezeichnung entstanden sein, die, wörtlich genommen, eher falsche Vorstellungen erweckt: Gürtler. Zierat gestaltet der Gürtler heute ebenfalls, aber nicht mehr am Körper des Menschen, kaum an Gefährten oder Geräten täglichen Gebrauchs, hauptsächlich im Raum um ihn. Vom schmückenden Ornament bis zur sinnbildenden Gestalt vermag das seltene Handwerk Metall zu formen, wenn sein Meister den Stoff beherrscht. Diese Herrschaft über den Stoff im Sinne menschlich geschauter und gewollter Form, das war es, was Gustav Schnippering sein Leben lang in sich und für uns ausgebildet hat.

Als er 1978 in Bad Doberan das Gewerbe eines Schlosser- und Gürtlermeisters übernahm, um sich der Metallrestaurierung an historischen Gebäuden und Gegenständen in den Nordbezirken zu widmen, stimmten persönliche Neigung und gesellschaftlicher Auftrag völlig überein. Das Treiben, Ziselieren, Punzieren, Formen von Metall waren sein

Hobby, das Malen seine Liebhaberei. Aus diesen Neigungen heraus entwickelte der gelernte Flugzeugmechaniker Schnippering die Fähigkeit, Metalle beinahe nach Belieben formen zu können. Und als es darum ging, in den Nordbezirken große Restaurationsaufgaben zu lösen, war er mit seinem malerisch geschulten Stilempfinden und handwerklichen Vermögen zu schmieden, zu treiben, zu drücken, zu drehen, zu fräsen, zu bohren, zu vergolden, die Oberfläche von Metallen zu behandeln, der prädestinierte Mann, Metallenes an historischen Gebäuden und Gegenständen aufzuarbeiten, zu ergänzen oder im entsprechenden Stil neu anzufertigen. So entstand die Bad Doberaner Gürtlerwerkstatt Gustav Schnipperings, die er bis heute mit seinen beiden als Metallrestauratoren in Berlin ausgebildeten Söhnen führt. Der jüngere Sohn allerdings hat seine ersten Fähigkeiten und Fertigkeiten im väterlichen Betrieb erworben. Gustav Schnippering muß, um seinen Aufträgen gerecht zu werden, auch als Schlosser, Schmied, Gelbgießer, Zerspaner, Formenbauer und in anderen Sparten Meisterliches leisten. Das gehört zum Beruf des Gürtlers. Das Berufsbild des Gürtlers gelte es neu aufzubauen. Auf alle Fälle hat er sich an repräsentativen historischen Bauten der Nordbezirke Rostock, Schwerin und Neubrandenburg – und nicht nur dort – als ein Restaurator erwiesen, der alle Metalle mit Stilgefühl und historischer Genauigkeit beherrscht. Das kann man in Bad Doberan im Salongebäude des Rates des Kreises oder in den Pavillons am Kamp feststellen. Beides sind Bauten von Carl Theodor Severin, dem Bad Doberan seinen klassizistischen Stadtkern verdankt. Severin gilt als der Schinkel des Nordens. Er kommt aus der Berliner Schule. Langhans, Gentz und Gilly, Vater und Sohn, zählen zu seinen Lehrern. Der von 1811 bis 1821 an das Salongebäude angebaute herrliche Empire-Saal stammt möglicherweise nicht von Severin, wurde aber gleichfalls von Gustav Schnippering restauriert, genauso wie die gelungensten Severin-Bauten, das große Palais und das Kurhaus in Heiligendamm. Ebenso tragen die Aula der Wilhelm-Pieck-Universität Rostock, der Mökkelbau in Bad Doberan, das Rathaus in Wismar, die Barockkirche in Allstedt, die Elisabethenburg in Meiningen und viele andere Gebäude die restaurative Handschrift Gustav Schnipperings. Seine Aufgaben beschränken sich nicht darauf, das Vorhandene zu konservieren oder zu ergänzen, oft ist die Rekonstruktion wesentlicher Elemente im historischen Stil erforderlich. Und da sind die Teile material- und stilgerecht und schön neu zu gestalten. Sie müssen sich einordnen in ein vorgegebenes Ganzes, das geprägte Räume und gegliederte Flächen aufweist, die bei jedem Hammerschlag mitbedacht sein wollen.

Auch bei neuen, heutigen Arbeiten haben sich die Gürtlerarbeiten den räumlichen Bedingungen zu stellen, haben sie eine Einheit zu vermitteln zwischen der materiellen Zweckbestimmung und der

ästhetischen Gestaltung. Nur so entsteht ein harmonisches Ensemble, was Gustav Schnippering als ein Gütesiegel seines Schaffens ansieht. Das ist nur zu erreichen, wenn ästhetisches Formempfinden und handwerkliche Meisterschaft von einer produktiven Einbildungskraft zusammengeführt werden. Dabei kann Gustav Schnippering an Fertigkeiten anknüpfen, die in der Familie bewahrt werden. Zum Beispiel hat er Erfahrungen und Kenntnisse des Vaters nutzen können, die mit dem Formenbau und dem Metallguß zusammenhängen. Der Vater war Formermeister in der Industrie, kam aus Westfalen, wo er als Sozialdemokrat und aktiver Gewerkschafter nach dem Ersten Weltkrieg auf die schwarze Liste kam und nirgends mehr Arbeit erhielt. Schließlich faßte er in Wismar Fuß. Seine Fähigkeiten und manche Werkzeuge brachte er mit – sie werden noch heute im Familienbetrieb der Schnipperings in Ehren gehalten.

Übrigens wirkt Gustav Schnipperings Ehefrau ebenfalls im Betrieb mit, bei allen nichtmetallenen Arbeitsgängen, besser zu sagen vielleicht bei allen nichtmateriellen, denn oft tritt ja das Metall mit anderen Werkstoffen in Verbindung, etwa mit Glas – bei den Lüstern –, mit Holz oder mit Mauerwerk. Der Formenwille und die Formkraft der Schnipperingschen Werkstatt setzt sich auch in solchen Fällen mit generellen Lösungen durch, und wo Erfahrung und Wissen nicht ausreichen, müssen Findigkeit und Experiment den Spielraum erweitern. Gustav Schnippering weiß, was Fertigkeiten, technische Kniffe, Erfahrungen im Umgang mit Material und bei der Formenfindung und Formgebung bedeuten. Deshalb schreibt er seine auf, um sie nicht nur für den Familienbetrieb, sondern gegebenenfalls darüber hinaus zu bewahren. Er vereinigt Wissen, Erfahrung, Handwerksfertigkeit und Kunst- und Stilempfinden in seltener Ausgewogenheit miteinander. Seit 1978 ist er deshalb anerkannter Meister des Kunsthandwerks. Aber nicht minder wiegt für Gustav Schnippering eine andere Anerkennung, von einem Meister des Worts, von Ehm Welk, dem er zum 75. Geburtstag einen Pegasus dedizierte, der noch heute das Haus des inzwischen verstorbenen Dichters ziert. Ehm Welk soll das geflügelte Pferd zu seinem schönsten Geburtstagsgeschenk erklärt haben. Ehre einem Handwerksmeister, der derart zu beglücken versteht.

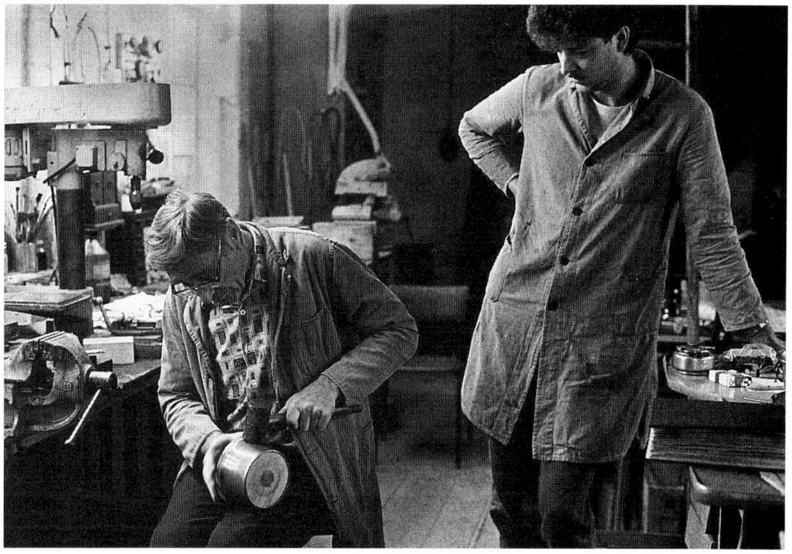

Ein Seil ist etwas Verbindendes, es hält zusammen, sichert in bedenklichen Lagen – wen oder was immer. Ein Seil bietet Halt, wenn es hält. Es kann aber auch zur Fessel werden und für den Gefesselten zum Fluch. Der Seilerberuf hat dem sinnbildenden Wortschatz mancherlei Anhaltspunkte gegeben, vom gerissenen Galgenstrick über das Schnürchen, an dem alles läuft, bis zum seidenen Faden, an dem manches hängt. In der Seilerei selbst hängt ebenfalls alles am Faden, allerdings nicht am seidenen, erklärt mir Gerhard Schwenn, als ich ihm in seiner achtzig Meter langen überdachten und rundum verglasten Reeperbahn gegenüberstehe. Er betont, daß er kein Seiler, sondern ein Reepschläger sei, obwohl heute die Aufgaben der beiden verwandten Berufe ineinander übergingen. Der Reepschläger stelle maritimes Tauwerk her. Doch nicht nur die Zweckbestimmung ihrer Erzeugnisse unterscheide beide Berufe, das gehe bis zu Arbeitsmitteln und -verfahren. Ja sogar Gleichartiges werde oft unterschiedlich bezeichnet. So sagt der Reepschläger zur Vorrichtung für das Drehen der Seile Höft, der Seiler Lehre; die hölzernen Stützen des Seilers heißen beim Reepschläger Nickenblätter; beim Nachdrehen spricht der Seiler vom Nachhänger und der Reepschläger vom Löper. Die Differenz begann einst, als die Fäden von Seilern und Reepschlägern noch selbst gesponnen wurden, damit, daß der Reepschläger seinen Faden mit der rechten Hand spann, der Seiler hingegen links.

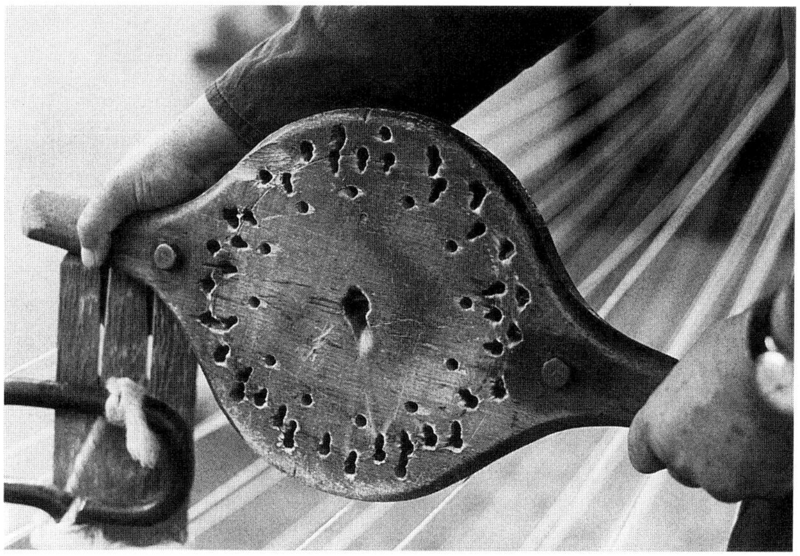

Die Ausgangsmaterialien sind allerdings für beide gleich. Hanf, Sisal und verschiedene Kunststoffasern. Der Hanf wurde schon vor viereinhalbtausend Jahren in China kultiviert, sein Anbau ist heute weit verbreitet. Es gibt wohl kaum eine Pflanze, die so total nutzbar ist – die Stengel mit ihren kurzen weichen Fasern zur Seilerei, die Früchte zu Öl und Futter, das Kraut zu Haschisch oder Marihuana, den problematischen Rauschgiften, und wohl auch zu Arzneien. Sisal, nach einer mexikanischen Hafenstadt benannt und aus der mittelamerikanischen Landschaft stammend, ist demgegenüber eine harte Langfaser ohne janusköpfige Erscheinung. In die Hand des Seilers ist jedenfalls der segensreiche Anteil des Hanfes gegeben, den Gerhard Schwenn heute schon als fertigen Faden bezieht. Die Qualitäten differieren, aber er wählt für jeden Zweck das Material, das ihn erfüllt. Nur wenige Kunstfasern werden noch im eigenen Betrieb zu Fäden versponnen.

Die Frage, seit wann die Menschheit über das Geschick verfügt, mehr oder weniger kurze weiche oder harte Fasern so in sich zu verdrehen, daß zugfeste und doch elastische Gebilde von beliebiger Länge entstehen, konnte selbst Gerhard Schwenn nicht mit einem Datum beantworten, obwohl er sich sehr mit den Traditionen der Reepschlägerei an der mecklenburgisch-vorpommerschen Küste befaßt hat. Übrigens ebenso mit der Geschichte seines Familienbetriebes durch sieben Generationen. Er geht nun in die achte über, denn einer seiner beiden Söhne macht gerade seine Meisterprüfung. Meine Nachforschungen förderten ebenfalls keine Kulturgeschichte des Seils zutage, so daß wir uns mit der Vermutung begnügen müssen, die Verbindung zwischen Tier und Wagen hat die Seilerei und die Verbindung von Mast und Segel die Reepschlägerei motiviert. Fest steht, die Segelschiffzeit ist die Blütezeit der Reepschlägerei gewesen. Ein hochseetüchtiges Segelschiff benötigte damals zwischen hundertzwanzig und hundertfünfzig

Tonnen Tauwerk. Da herrschte Leben auf den Reeperbahnen! Heute gibt es in der Deutschen Demokratischen Republik nur noch das Segelschulschiff »Wilhelm Pieck«, an dessen Ausstattung mit Tauwerk auf der Kröpeliner Reeperbahn gebührend mitgewirkt wurde.

Gerhard Schwenn hat von 1941 bis 1943 bei seinem Vater das Handwerk des Reepschlägers erlernt, wurde dann Soldat im Zweiten Weltkrieg und konnte die Meisterprüfung erst 1959 ablegen. Im selben Jahr übernahm er den Betrieb. Sein Vater war 1958 gestorben. Die Orientierung auf Fischerei und Seefahrt, die nie aufgegeben wurde, verstärkte sich wieder, als die Viehhaltung in der Landwirtschaft umstrukturiert wurde, wenngleich auch heute noch ein breites Sortiment in der Schwennschen Reepschlägerei gefertigt wird. Es reicht von der Maurerschnur mit einem Durchmesser von einem bis anderthalb Millimetern bis zu den Hievtrops der Hochseefischer, die fünfzig bis sechzig Millimeter dick sind. Ein besonderes Gewicht legt Gerhard Schwenn auf die Herstellung von Liecktau, wie es die Rennsegler benötigen, und von Schiemannsgarn. Das ist eine Hanfschnur, die mit Elaskon getränkt wird, damit sie im Wasser haltbarer bleibt. Früher war das Garn geteert. Es wird in Werften und in der Fischerei benötigt, wo ja alles Seilwerk ständig mit Wasser in Berührung kommt und sich unter dessen Einwirken bewähren muß. Mit Schiemannsgarn werden zum Beispiel auch die Stahlseile der Fischer umwickelt, um die Netze am Rutschen zu hindern. Seile ziehen sich unter Wassereinfluß zusammen. Diesen Effekt habe man schon zum Bewegen schwerer Lasten benutzt, erläutert Gerhard Schwenn. Doch während man ihn in manchen Fällen einsetzen könne, müsse man ihn in anderen so gering wie möglich halten.

In der Reeperbahn bekam ich dann den Eindruck, daß die Seilherstellung mindestens ebensosehr Fußwerk wie Handwerk ist. Das Drehen – früher mußte dafür ein

Dreher ein großes Schwungrad mit der Hand bedienen – erfolgt heute mit einem Geschirr, das durch einen Elektromotor angetrieben wird. Der Antrieb kann mit einem Seil an jeder Stelle der achtzig Meter langen Bahn in Gang gesetzt oder angehalten werden. Aber um die drei oder vier Litzen, die zu einem Seil zusammengedreht werden, richtig ineinandergleiten zu lassen, muß der Seiler mit einer hölzernen Lehre – der Reepschläger mit der Höft – nach Maßgabe der Drehgeschwindigkeit die Reeperbahn entlanggehen. Liegt der Durchmesser unter zehn Millimetern, verkürzt sich das Litzenmaterial bei der Verseilung um ein Drittel; um die Hälfte, wenn er über zehn Millimeter beträgt, bezogen auf den ganzen Drehprozeß – Vor- und Nachdrehung. Außerdem ergeben sich zwischen dem Durchmesser der Litzen und der Dicke des Seiles bestimmte Maßverhältnisse, bei vier Litzen – der Reepschläger spricht von Kardelen – ist eine Seele, eine Art Leitfaden im Zentrum, erforderlich, der zugleich eine Hohlraumbildung im Seil ausschließt. Durch unterschiedliche Ausgangsmaterialien und verschiedene Verseilungsarten entsteht ein weitgefächertes Sortiment in der Schwennschen Reepschlägerei, das mannigfaltigen Zwecken dient, in der Fischerei, der Bauindustrie, der Seereederei und den Werften, im örtlichen Großhandel, in den Leder- und Textilgenossenschaften, in der Landwirtschaft, und besondere Kundenwünsche erfüllt. Dies alles wickelt sich in den achtzig Metern der Reeperbahn – nicht ab, sondern auf. Es kommen viele Kilometer zusammen, die Gerhard Schwenn und seine drei Mitarbeiter Tag um Tag dort zurücklegen. Dabei sei seine Reeperbahn eigentlich viel zu kurz, sagt er. Die Norm für Schiffstaue betrage zweihundertfünfundzwanzig Meter. Deshalb könne er nur kürzere Spezialfertigungen ausführen. Doch damit sei der Betrieb völlig ausgefüllt, obwohl er sich schon mit dem Gedanken getragen habe, seine Reeperbahn zu erweitern. In Stralsund hätte er einmal die Möglichkeit gehabt, die vierhundertfünfzig Meter lange Reeperbahn des Heinrich Gulbrandt zu übernehmen. Er konnte sich aber nicht von seinem angestammten Kröpeliner Betrieb trennen. Derartige Überlegungen stünden ihm nun nicht mehr an, das sei Sache seines Sohnes, der den Betrieb eines Tages weiterführen werde.

Als wir in Gerhard Schwenns Arbeitszimmer sitzen, kommt eine ganz andere Dimension der Seilerarbeit ins Blickfeld, treten neben technischen Qualitäten ästhetische hervor: Makrameearbeiten von Gerhard Schwenn, aus der Lust am Formen entstanden. Auch das sei noch ein Bestandteil seiner Ausbildung gewesen. Knoten, Knüpfen und Stricken habe er von Grund auf gelernt, nicht nur des Netzwerks wegen. Und dann demonstriert er mir in Bild und Werk, was Plattings und Katnings, was geflochtene Knoten, Sternenknoten, Rosenknoten, Schauermannsknoten, Stopperknoten sind und was eine Krone ist – womit wir auf dem Weg der Seile zu einem Gipfelpunkt gelangt waren, von dem aus wir uns abseilen und den Leser seinem eigenen Nachdenken überlassen können über Menschen und Dinge, denen wir mit großem Respekt begegnet sind, weil sie ein Stück handwerklicher Kultur verkörpern, ohne die menschliche Kultur undenkbar ist.

ISBN 3-373-00306-7

1. Auflage 1990
Lektor: Hannelore Kramer
Technische Redaktion: Marga Lippert/Ingrid Welzer
Gesamtgestaltung: Hans-Joachim Petzak
Lichtsatz: Interdruck GmbH Leipzig
Druck und buchbinderische Verarbeitung: Buchkunst Leipzig GmbH